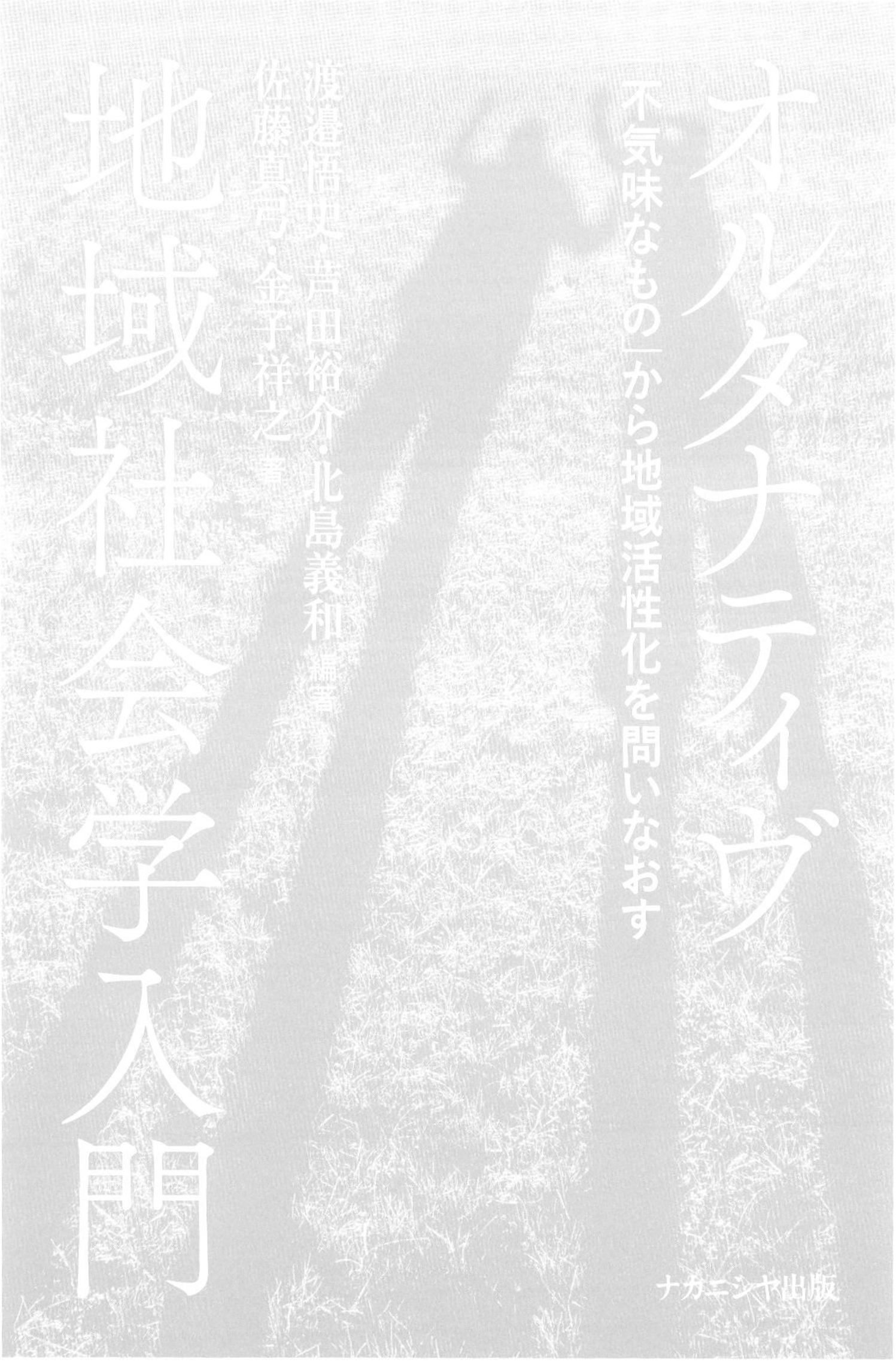

オルタナティヴ地域社会学入門

「不気味なもの」から地域活性化を問いなおす

渡邊悟史・芦田裕介・北島義和 編著
佐藤真弓・金子祥之 著

ナカニシヤ出版

まえがき

誰もが一度は、「人口減少によって地域が危ない」というような話を耳にしたことがあるのではないだろうか。第二次世界大戦後、日本社会の人口は一貫して増加してきたが、二〇〇八年をピークに減少に転じた。日本社会においては、人口減少に伴う少子高齢化の進展、生産年齢人口の減少により、国内需要の減少による経済規模の縮小、労働力不足、医療・介護費の増大、自治体の財政危機、そして地域社会の担い手の減少など、様々な社会的課題の深刻化が危惧されている。そして、様々に分類される地域のなかでも、とりわけ「農村」と呼ばれている地域に対して人口減少が与える影響は、半世紀以上にわたって不安視され、政策的にも重要な問題となってきた。

日本では、すでに一九六〇年代には、人口減少により農村社会における地域住民の生活水準や生産機能の維持が困難となる「過疎」の問題が政府に認識されており、一九七〇年の「過疎地域対策緊急措置法」以降、法律に基づいて様々な過疎対策が取り組まれてきた。二〇二一年には「過疎地域の持続的発展の支援に関する特別措置法」が制定され、過疎対策が実施されている。その序文によれば、「過疎地域においては、人口の減少、少子高齢化の進展等他の地域と比較して厳しい社会経済情勢が長期にわたり継続しており、地域社会を担う人材の確保、地域経済の活性化、情報化、交通の機能の確保及び向上、医療提供体制の確保、教育環境の整備、集落の維持及び活性化、農地、森林等の適正な管理等が喫緊の課題」であるとされる。そして、「このような状況に鑑み、近年における過疎地域への移住者の増加、革新的な技術の創出、情報通信技術を利用した働き方への取組といった過疎地域の課題の解決に資する動きを加速させ、これらの地域の自立に向けて、過疎地域における持続可能な地域社会の形成及び地域資源等を活用した地域活力の更なる向上が実現するよう、全力を挙げて取り組むことが極めて重要である」と記されている。

こうした政策的な取組の一方で、一九七〇年代以降、農村では地域住民が主体となった「地域づくり」も盛んになっている。農林水産省が発行する二〇一四年度の『食料・農業・農村白書』でも、農村では「地域住民自らの力で、地域資源の有効活用や地域の結びつきの強化、新規就農者の育成、移住・定住の促進等により、コミュニティの維持や活性化に取り組み、人口減少や高齢化に伴う問題の解決を図る地域が増加」しているという記述がある（農林水産省 二〇一五）。

以上のような話を聞くと、現代では農村に住まう人々の多くが、地域の現状に危機感を覚え、積極的に地域づくりに取り組もうとしているように思えてしまうかもしれない。しかし、現実にはそんなことは決してない。農村に住んでいても地域づくりに関わっていない人はたくさんいるし、日常的な自治会や地域活動に消極的な人も存在している。実際、筆者の一人（芦田）の調査でも、農家に生まれたが跡を継ぐわけでもなく、実家に住みながらアルバイトをし、地域活動に参加しない若者に出会ったことがある。彼は調査のなかで、「別に（自分の住んでいる地域は）いまのままで変わらんでええかな。もっといろいろ店とかできりゃええけど、いまでもイオン（モール）とかあるし」と語った。現状の生活に決して満足しているわけではないが、かといって大きな不満もなく、「がんばって地域を活性化しなくてもよい」という考えをもっていた。

本来、人は住まう場所や、それを取り巻く環境によって、異なる状況に置かれている。そして、誰もがそれぞれの置かれた環境のなかで、ときに問題を抱えながらも日々生活している。この点においては、農村でも都市でも、日本でも外国でも、どのような地域でも共通しているだろう。それにもかかわらず、人口減少や高齢化が進んだ農村のような地域においては、そこに住まう人々が地域づくりに関わり、地域を「活性化」させることがあたかも「普通」あるいは「正義」であるかのような風潮が、先述のような国の政策をはじめとして様々な場面で見受けられる。

このように、現代社会においては地域の活性化を基軸に置くような知の枠組みが、しばしば人々の志向（思考）を規定している。本書ではこの知の枠組みを、「地域活性化フレーム」という名前で呼ぶ。詳しくは序章において説明するが、それはさしあたり、「Xによって地域を活性化する」という人々の思考の枠組みだと考えてもらえればよい。本書の筆者たちも、そのように地域が活性化すること自体は良いことだと考えている。ただ、この地域活性化フレームは、しばしば地域に存在する人・事物・表象を、「活性化に寄与するか否か」という狭い枠に押し込めて評価し、起こっている現実をときにゆがめて解釈・提示してしまう。例えば、先述した農村の若者にこのフレームを当てはめると、「農業の後継者にならず、地域活動に参加せず、地域の活性化に寄与しないため、地域にとって有益ではない人間」などと評価されてしまいかねないのだ。それは良いことだとはとてもいえないだろう。

現代農村においてはあらゆる人・事物・表象を資源化して地域活性化につなげようとする一方で、それに貢献しない人・事物・表象を不可視化したり排除したりするような力がしばしば働いている。素直に考えれば、地域活動に邁進している人も先述の若者も、等しく農村に住まう者の一人のはずである。

にもかかわらず、地域活性化フレームは後者のような存在を見えにくく、あるいは見えなくしてしまうことがある。本書において、筆者たちは「不気味なもの」という概念を補助線にしながら、この地域活性化フレームを問いなおすことで、農村を取り巻く状況の認識に対して、一石を投じることを試みたい。

具体的には、まず序章で筆者たちの問題関心についてより詳しく述べる。そして第一章から第四章にかけては、全国各地の農村の事例を用いながら、ある生物・モノ・人をめぐって生じている、地域活性化フレームでは必ずしもうまく捉えられない状況について記述していく。

第一章では、ヤマビルをめぐる状況が対象となる。吸血生物であるヤマビルに地域活性化フレームを当てはめたならば、活性化に寄与するどころか人間とは共存不可能な存在として、いかにして除去すべきかとの議論がなされるだろう。しかし、この章で描かれるのは、そのように簡単にはコントロールできないヤマビルと向き合わねばならない農村の人々の試行錯誤である。

第二章では、空き家をめぐる状況が対象となる。空き家に地域活性化フレームを当てはめた場合、利活用できれば活性化に役立つが、そうでなければ地域にとって負の影響をもたらすものとして除去が議論されるだろう。しかし、この章で描かれるのは、利活用も除去もできない空き家を前に立ちすくみながら、様々な関係性の変化に思い悩む農村の人々の姿である。

第三章では、観光・レクリエーションをおこなう人々をめぐる状況が対象となる。これらの人々に地域活性化フレームを当てはめると、活性化に寄与するものとして、いかにその数を増やしていくかといった議論がなされることだろう。しかし、この章で描かれるのは、観光・レクリエーション利用者の増加によって生み出される事態に翻弄されることになった農村の人々の経験である。

第四章では、移住者をめぐる状況が対象となる。彼らに地域活性化フレームを当てはめれば、同じく活性化に寄与する存在として、いかにうまく地域に組みこんでいくかという議論がなされるだろう。しかし、この章で描かれるのは、そのような議論や政策の背景で働いている巧妙な力学と、そこに組み込まれつつ農村への移住を選択した人々が抱く複雑な心境である。

ちなみに、これらの章においては、そこで記述されている状況に対して何らかのポジティブな「解決策」を提示すること――言い換えれば地域活性化フレームで回収することは、基本的におこなっていない。なぜなら、そのようなフレームにとらわれている限り、私たちは無意識のうちに様々な問題や可能性を見逃し、ときにはなかったことにしているかもしれないからだ。

そして第五章と終章では、それまでの章の記述に通底する、本書の理論的なパースペクティブについて詳しく述べる。具体的には、第五章ではジークムント・フロイトの「不気味なもの」をめぐる議論を社会科学的にアップデートすることを通して、新たな理論的視座を提示する。そして、終章では本書の各章を振り返り、そこにおける不気味なものと人々の実践について整理を行ったうえで、そのような分析が有している可能性について論じる。

なお、本書は基本的には各章が独立して読めるかたちになっているものの、序章から順番に読み進めていただけると、なぜ筆者たちが「ヤマビル」と「移住者」を同じ視角を用いて描いているのかが、よりクリアになるだろう。ただ、第五章だけはかなり抽象度の高い行論となっているので、一般の読者や学部生などは、この章を飛ばして終章に進んでもらっても構わない。

最後に、筆者たちは本書が地域活性化フレームから離れた農村・地域社会の研究のための、ある種の

「教科書」となることを望んでいる。そして、そのような研究において筆者たちが大切にしたいと思っているのは、自分自身も含めた、現場における「まごつき」である。そのようなまごつきの実態をリアルに感じてもらうため、各章では通常の論文とはややテイストの異なる、エッセイ風の書き方が採用されている部分も少なくない。

また、終章の後に収録した「本書をお使いの先生方へ」においては、本書を大学の授業で教科書として使用する際の指針や授業アイデアを掲載しているが、これも学生をまごつかせるような内容となっている。なぜなら、本書が目指しているのは――しばしば通常の教科書がそうであるような――知識の伝授や成功事例の紹介や課題解決のプランニングではなく、教える者と教えられる者とが「共にまごつき、考えこむ」ことであるからだ。よって、教科書としてはやや異色に感じられるかもしれないが、そのようなかたちの記述を通して本書の読者には、政策課題から問いを解放することで見えてくるものがあるということを学んでいただければ幸いである。

本書のタイトルには「オルタナティヴ」という言葉が使われている。この言葉の修飾先について筆者たちは、「地域社会」でもあり、「地域社会学」でもあり、「入門」でもあると考えている。「不気味なもの」というレンズを使いながら、これまでとは違った地域社会、これまでとは違った地域社会学、これまでとは違った入門のかたちを考えることはできないだろうかと読者と一緒に頭を悩ませることこそが、筆者たちの狙いであり願いなのである。

二〇二三年三月
編者一同

【引用・参考文献】

農林水産省、二〇一五、『平成二六年度　食料・農業・農村白書』

目　次

まえがき　i

序　章　農村における住みづらさとは
地域活性化を問いなおす……芦田裕介・北島義和　1
一　農村をめぐる状況　2
二　課題解決志向に対する違和感　4
三　地域活性化フレームとその問題点　8
四　不気味なものから考える農村　12

第一章　ヤマビル
コントロールできない生き物と出会う……渡邉悟史　15
一　ヤマビルがやってきた　16

目　次

二　なぜヤマビルがやってきたのか　18
三　講演会にて：ファーストコンタクト　21
四　防護柵の後（ろ）で　26
五　駆除の現場　30
六　少し、たまに、世界が重なる、世界を重ねる　33

第二章　空き家
地域社会の問題を顕在化させるモノと向き合う……芦田裕介　37

一　空き家との遭遇　38
二　空き家を利活用する動き　40
三　地域住民にとっての「空き家問題」　43
四　空き家と向き合う実践　46
五　現代の農村に住まうこと　56

第三章　観光・レクリエーション利用者
「招かれざる客」はいかに生まれてくるか……北島義和　61

一　はじめに：ある湖の風景から　62
二　観光・レクリエーションと農村：活性化の切り札？　64
三　観光・レクリエーションをめぐる軋轢：北海道の事例から　68
四　観光・レクリエーションをめぐる経験：屈斜路湖周辺の事例から　74
五　おわりに：「うまいやり方」を越えて　79

第四章　移住者
パッケージ化される農村移住……佐藤真弓　83

一　はじめに：ある移住者の経験　84
二　農村移住のパッケージ化とは？　85
三　パッケージ化の方針：「あるべき農村移住」とは？　88
四　パッケージ化の諸次元：「あるべき農村移住」はどのように進められているのか？　94
五　パッケージ化のメリット・デメリット　98

目　次

六　「あるべき農村移住」の実態：期待される役割とそれへの対応　100
七　おわりに：「あるべき農村移住」の行方　103

第五章　不気味なもの
ホームに生きる人々の二重性の経験……渡邉悟史・北島義和・芦田裕介・金子祥之・佐藤真弓　107
一　はじめに　108
二　不気味なものの増殖　109
三　不気味なものと故郷喪失　112
四　不気味なものの社会科学へ　116
五　ホームの集成と不気味なもの　118

終　章　まごつきながら反芻すること
地域活性化ではなく地域社会を考えるために……渡邉悟史　127

本書をお使いの先生方へ　139
あとがき　155
人名索引　157
事項索引　159

序章

農村における住みづらさとは

地域活性化を問いなおす

芦田裕介・北島義和

読者のみなさんはこの写真を見て、この場所が一体何かわかるだろうか。おそらく、「空き地」「荒れ地」といった答えが返ってくることが予想される。じつはこの場所はもともと「田んぼ」だったのが、長く利用されずに放置された結果、このような状態になってしまったのである。「田んぼ」は一度放置されると、利用できる状態に戻すのに多大な労力と時間を要するため、再生するのは容易ではない。日本全国の農村では人口減少や高齢化が進行し、田畑のような地域資源の管理を地域住民で行うことが難しくなっている。その結果、こうした「耕作放棄地」が増加しており、居住者が「住みづらさ」を感じるような空間になりつつある。

一　農村をめぐる状況

第二次世界大戦後の農村では、政府の農村環境整備事業により、農地の増大や改良、化学肥料・農薬の使用や農業の機械化といった農業技術の近代化が図られたことで、農業の生産性が上昇し、農作物収穫量は飛躍的に増大した。こうして所得が上昇したことで、耐久消費財の導入が可能になるなど、農家の生活は物質的に豊かなものとなった。しかしながら、一九五〇年代に始まった高度経済成長によって都市部での労働力の需要が増大し、農村から都市へ大量に人口が流出した。その結果、農村では急激な人口減少が起こり、一九六〇年代後半からは過疎化をはじめとする農村問題が指摘されるようになった（山本 二〇一九）。

その後一九八〇年代には、農村からの人口流出は全体としては沈静化してくるが、進学・就職のために若い世代を中心として人口が外部へ流出していく状況は、現在まで多くの農村で続いている。また一九九〇年代以降には、若い世代の流出に加えて、農村に残った高齢者世代が減少していくことで人口減少に拍車がかかるようになり、今世紀に入ると集落内での社会生活の維持が困難となる「限界集落」の存在が注目を集め、その対応をめぐって社会的な議論も活発化した（山下 二〇一二）。さらに、山林管理の弱体化や耕作放棄地の増加など、人口減少や高齢化によって従来のような資源管理が困難となったため引き起こされる自然環境の荒廃も大きな課題となってきた（大野 二〇〇五）。

他方で、このような農村に対する国の政策は、それらの地域の人口減少を食い止めたり、経済を発展させたりすることにはほとんどつながらなかった。農村の基盤産業であった農業は、高度経済成長期の産業構造の変化によって相対的な地位が低下したが、一九七〇年代からの生産調整（減反政策）や一九八〇年代からの農産物の輸入自由化の影響もあって、多くの農家は農業所得の上昇が困難になった。しかし、代替振興策として実施された企業誘致、巨大プロジェクトの導入、リゾート開発などは、その多くが失敗に終わった。それどころか、政府や大企業が主導したそのような外来型の開発は、しばしば当該地域の産業構造や自然環境とそぐわないものであり、農村の人々の主体性を奪ったり、公害などの問題を引き起こしたりもした（本間 一九九九）。

ただ、このような状況に対して農村の側もただ手をこまねいていたわけではない。一九七〇年代頃からは「地域づくり[1]」と呼ばれるような動きが生まれ、全国各地の農村で特産物や観光コンテンツの開発、都市・農村交流や移住者の受け入れなど、それぞれの創意工夫によって状況を改善しようという試みがなされるようになった（守友 一九九一）。そして近年では、このような地域づくりに農村の外からやって来た人々が関わることも少なくない。例えば、農林水産省が発行している二〇一四年度の『食料・農業・農村白書』では、農村のさらなる人口減少・高齢化が進む一方で、都市部の若い世代を中心に農山漁村へ移住しようとする「田園回帰[2]」の動きが見られるとの指摘がなされている。

[1] 帯谷博明によれば、地域づくりが広く各地で生成、展開した一九七〇年代後半は、産業公害をはじめとして、中央政府主導による地域開発政策の弊害が各地で顕在化していた時期であった。地域づくりの背景には、従来のような画一的な地域開発に対して、「自分たちが生活している場を住みやすい、いきいきとした魅力あるものにしていきたいという住民の強い欲求」があった（帯谷 二〇〇四：一五六）。

[2] この田園回帰について地域づくりの観点から論じた文献として、藤山（二〇一五）がある。

現在ではこのような地域づくりは、失敗を重ねた挙句に「地域の自己責任」の強調へと転じた政府により、積極的に推奨されている（赤川 二〇一二）。例えば二〇一九年度の『食料・農業・農村白書』においては、「「田園回帰」の意識が高まっている若い世代を中心とした多様な人材を農村に迎え、地域の人びとと共に、地域資源を活用した雇用の創出と所得の向上に、創意工夫を発揮してチャレンジしていく必要」があるとの記述がなされ、「農村の人口減少の下、地域の社会的・経済的活力を維持するためには、ライフスタイルの多様化等を踏まえ、「関係人口[3]」を増やすことが重要」とも指摘されている。

二　課題解決志向に対する違和感

このような政策文書や地域づくりの現場で考えられている「地域の活性化」の具体的な中身は多様であり、「人口増」や「雇用創出」といった数値化の可能なものであったり、「盛り上がり」や「にぎわい」といった数値化の難しいものであったりする。ただ、それらはいずれも地域の存続・発展を是とするものであり、地域の現状を「異常」あるいは「危機」と認識したうえで、「正常」あるいは「理想」の状態へと近づけていこうとする動きであるという点において共通している。そして、そのような活性化に向けて、地域に存在する様々な「課題」を「解決」しようという試みもしばしばなされていく。

こうした状況を背景として、現在全国各地の大学においては「地域貢献」が求められている。例えば第6期中央教育審議会生涯学習分科会においては、「地域社会と共生する大学等の高等教育機関づくりの推進」として、「大学等の高等教育機関は、地域の知的創造活動の拠点であり、地域の課題が複雑化・

高度化する中にあって、学び直しの機会の提供や地域人材の育成の取組が一層求められる。加えて、大学等は、地域だけでは解決することが困難な課題にも向き合い、その解決に向けて主体的に取り組むとも求められる」との提言がなされた（中央教育審議会 二〇一二）。そして二〇一〇年代以降の大学界では、「地域」という言葉を冠する学部が相次いで創設された。筆者の一人である私（芦田）もまた、そうした学部に職を得て大学教員となり、学生教育に携わることになった。

現代では地域を舞台に活動する多くの人間にとって、「地域課題の解決」というキーワードは避けては通れないものとなっている。特に、大学教員や各種研究機関において研究や教育に従事する者にとって、それは分野や対象に関係なく何らかのかたちで関わらざるをえない問題である。ある地域が何らかの課題を抱えているとしよう。例えば、人口減少や高齢化が進行することで、「農業の後継者がいない」「商店街が衰退している」「祭りがなくなりそう」といった課題である。こうした課題を解決すること自体は大事なことであり、そのために研究・教育するということはきわめて正しいことのように思われる。しかしながら、私はどうしても違和感をぬぐえないでいる。

私はこれまで研究や教育に関わるなかで、「地域を活性化したい」「地元を盛り上げたい」という人々にたくさん出会った。とくに大学では、そのような興味・関心をもって私が担当する「地域社会」に関連する講義やゼミナールに出席する学生が多い。彼ら・彼女たちは動機こそ様々ながら、共通して地域

〔3〕ここで言う関係人口とは、「長期的な定住人口でも短期的な交流人口でもない、地域や地域の人びとと継続的に多様な形で関わる者の総称」とされている。このような人々について地域づくりの観点から考察した文献として、田中（二〇二一）がある。

課題の解決を志向し、そのために大学で学ぼうとする。そこでは、地域を活性化することは疑いようもなく正しいものなのである。

そのような学生に対し、私は「どうして地域を活性化したいのでしょうか」ということを尋ねる。ある学生は、「人口減少が進んでいるので、田舎に仕事をつくって地域に人を増やしたい」と答え、ある学生は「地域が高齢化しているので、イベントを開いて若者を呼び込みたい」と答える。どちらも私の質問に対する回答にはなっていないが、なんとなく言いたいことはわからないでもない。他方で、私の質問に対し、「えっ」という表情をして言葉が出てこない学生もいる。授業後の感想を文章で書かせると、「どうして地域の活性化をするのか、ということについて考えたことはなかった」「改めて考えてみると、よくわからない」といった回答がみられる。地域を活性化するとして、それはいったい「誰にとって」、「何のため」に必要なのか。学生たちには、こうした問いがすっぽり抜け落ちていることが珍しくないのである。

こうしたことは、とりわけ大学の実習教育において大きな問題となった。私が最初に勤めた大学の所属学部では、教員の引率で学生が地域を訪れ、それぞれの現場における課題について学ぶ実習教育がカリキュラムの目玉となっていた。こうした実習では、本来であれば、まずは現場の状況を理解し、課題を発見することが重要になるはずなのだが、なぜかこうしたプロセスは重視されないことが多かった。それよりも、教員や学生があらかじめ課題を設定し、その枠に従って課題解決のための方策を打ち出すということがほとんどだったのである。具体例を挙げると、ある実習で人口減少が進む山間部の自治体を訪れた際に、その地域では「無理に人口を増やすよりも現状維持を目指す」という方針で地域づくりを進めていた。学生はそうした話を聞いたうえで地域住民の取組を調べた結果、なぜか「このままでは過疎化が進行するので、人口を増やすためには雇用を生み出すことが重要である」、といったことをレポートで書いてくるのである。

ここにおいて、学生にとって人口減少とは悪いものであり、何としても解決しなければならない課題なのである。そうした学生の思い込みが、当事者である地域住民の意思や取組をそのように解釈させ、このような不可解なレポートが生まれる。私は学生に対して、そのような思い込みを自覚させ、なるべく相対化できるように教育を行っていたつもりなのだが、学生に伝わっていないことも多かった。それは私や学生の能力や資質によるところもあるかもしれない。しかし、それ以上に学生の教育を取り巻く環境の問題が大きいと考えられる。

学生たちに聞いてみると、その多くが小中高の学校教育において、社会科や総合学習の時間に地域課題について学び、その解決方法について考えるというような取組を経験している。これは自分たちを取り巻く地域に関心を持つという意味では良い取組なのだが、学生たちの話を聞いていると、そこで扱われる地域の課題とは人口減少や高齢化にまつわるものであることがほとんどである。そして、そのような課題の解決策として、彼らは「地域産業の振興による雇用の増加」「若者をよびこむイベント」「地域をSNSでPRする」などの、きわめて似通った提案を行ってきたのだ。

ここで私は、学生たちを批判したいのではない。そうではなく、どうして学生たちが上記のような志向（思考）をもつのか、その背景にある「知の枠組み」とでもいうべきものについて考えたいのである。

先述のように、地域課題の解決を目指すこと自体は悪いことではない。問題なのは、その課題の中身と解決方法が似たりよったりであるという点にある。地域の人口や面積、産業や自然、歴史や文化などは地域ごとに異なっている。そして地域内においても、人々の生活や置かれた環境はそれぞれに異なっているはずだ。にもかかわらず、地域を活性化することがゆるがぬ正義とされ、そのための課題解決のありようが画一的に「パッケージ化」されてしまっているのである。

三　地域活性化フレームとその問題点

ここまで述べてきたように、現代社会においては、地域の存続・発展を是とし、そのために課題の解決を行っていくことが肝要であるという、地域の活性化をめぐる知の枠組みが、人々の志向（思考）を規定しているように思われる。本書ではこのような知の枠組みを、「地域活性化フレーム」と呼ぶことにする。それは、「Xによって地域を活性化する」という人々の思考の枠組みであり、「Xによって地域を外側から活性化する（Xの例：開発、政策など）」という思考にも、「Xによって地域を内側から活性化する（Xの例：地域住民の主体性、人のつながりなど）」という思考にも、共通して含まれているものである。本書で筆者たちが問いなおしたいのは、そのように地域、とりわけ農村について考える際に前提となっているフレームなのだ。

しつこいようだが、筆者たちは地域課題を解決することも、それによって地域が活性化することも、問題だと思っているわけではない。この地域活性化フレームの問題点とは、地域の人々の多様な実践を、「活性化に寄与するか否か」という狭い枠に押し込めて評価し、起こっている現実をゆがめて解釈・提示してしまう恐れがあるというところにある。例えば、当たり前だが地域の課題というのはそんなに簡単に解決するものではない。そのような事態に直面する人々は、しばしば居心地の悪い思いを抱えながら、立ちすくんだり、途方に暮れたり、迷ったり、うろたえたりしている。だが、活性化の「成功事例」を追いかけがちな私たちは、地域におけるそのような「まごつき」の実態や実践を、どのくらいきちんと把握・理解してきただろうか。

さらに、地域活性化フレームに基づいた国の政策や人々の言動が、ときに人々の多様な生き方を否定し、生きづらさにつながるという問題点も存在する。このフレームは、「地域の人々の活性化への願い」を暗黙の前提にしてしまっていないだろうか。だとすれば、「地域の消滅を受け入れる」ような人々がいかに充実した生を送るのかという問題は、ほとんど顧みられなくなってしまう。あるいはこのフレームは、活性化に向けた課題解決を至高の目標とし、そのためにあらゆる手段を動員するという考え方を生んでしまっていないだろうか。だとすれば、人間や自然を活性化のための「道具」として捉え、その役に立つか立たないかで価値を判断するという、かなり危険な思想へとつながりかねない。

以上のように地域活性化フレームには、地域に住まうことをめぐってある状態を「正常」・「正解」・「成功」と規定し、そこに当てはまらない状態を「異常」・「間違い」・「失敗」として不可視化したり排除したりするような作用が含まれている。そして、このような作用の根底にあるのは、地域における居住をコントロール可能、予期可能なものにしたいという近代的な欲望なのではないかと筆者たちは考えている。ジグムント・バウマンが指摘するように、近代（モダニティ）とは不確実性に対する不安から抜け出し、「見通すことができない不透過な運命」に左右されることがない世界の構築を目指す試みだったのであり、そのなかで近代人は「問題を分別し、特定し、名指し、そして解決する」というループにとらわれてきた（Bauman 2006=二〇一二：一一六）。このような近代の思考様式は、おそらく「地域に住まう」という営みにおいてもみられるものであろう。

詳しくは第五章で論じるが、そもそも人間はある空間に住まう際、馴染みある居心地の良い場所としての「ホーム」を形成しようと試みる。ここでいうホームとは、生活の場、すなわち祐成保志が指摘するように、「身体が空間の内に住まう、あるいは空間を飼いならすことによって生まれるテリトリー」である（祐成 二〇一三：七二）[4]。例えば、食料を生産するために、土地を耕し、水を利用する。あるいは、雨露をしのぐために、木を伐り出し、住居をつくる。さらに、他の人々と地縁や血縁などを媒介にして社会関係を築いていく。このようなかたちで、人々はそれぞれの置かれた環境に対応して、それぞれのホームを形成する。

しかし、近代を生きる私たちは、そのようなホーム形成の際に、周囲に存在する人・事物・表象などが自らの予測や期待に沿うような動きをすることを欲し、絶えずそれらを調整したり、モニタリングしたり、選別・排除したり、加工したりしてきた――言い換えれば、居住環境に対するコントロールを試みてきたのではないだろうか[5]。さらにいえば、こうしたコントロールが達成されて初めて、その地域に安心して住まうことができると考えてきたのではないだろうか。だとすれば、先述した「Xによって地域を活性化する」という地域活性化フレームとは、私たちが安住できるホームを成立させるためにコントロールを行使しようとする試みの一つといえるだろう[6]。

さらに、この地域活性化フレームに基づくホームの形成に関わっているのは、必ずしも当該地域に住まう人々だけではない。とくに農村についていえば、藤田弘夫が指摘したように、古今東西、農村のあり方を規定するのは、政治・経済・文化の中心としての都市である（藤田 一九九三）。農村は食料をはじめとして、様々なものを都市に供給しつづけてきた。誤解を恐れずいうならば、農村の存在意義は、国家や都市住民にとっての農村の利用価値によって決まるという側面がある。

したがって、農村に対しては、国家や資本主義システムにとって都合の良いホームを作らせようとする力が常に働いている。あるいは、都市におけるホーム形成のあり方の影響が、農村に及ぶこともある。それゆえ、しばしば「成功事例集」のようなかたちを取りつつ、ときに「正解」を求める農村側とも共謀しながら、一元化・標準化された課題解決のパッケージが広まっていくことになる。つまり、地域活性化フレームとは、本来多様であるはずのホームのあり方を、「望ましい」とされる方向へと収斂させていくものであり、その結果、地域の現状が「危機」や「異常」として語られることになるのである。

［4］それゆえ、本書で使用する「居住」あるいは「住まう」という言葉は、必ずしも長期の定住のみを意味するわけではない。例えば短期滞在者や観光客なども、当該地域においてそれぞれのホームを形成することになる。
［5］例えば、私たちは生活の利便性を高めるために電気・ガス、鉄道や道路のようなインフラの開発によって、ときに自然環境に悪影響を与えながら、人間が快適に暮らせる環境をつくり出す。あるいは、性別や国籍、人種や障がいの有無など何らかの属性で人間を分類することで、マジョリティにとって居心地の良い環境をつくっている場合がある。
［6］筆者たちは、近年の地域づくりや公共空間でみられる、「偶発性」や「創造性」を組み込もうとする潮流（牧野 二〇二二）についても、居住環境に対するコントロール行使の一種と捉えている。

四　不気味なものから考える農村

上記のような地域活性化フレームにおいては、活性化に寄与しないような人や実践、あるいは事物・表象は、しばしば無価値なものや共存不可能なものとして扱われることになる。しかし近年では、新型コロナウイルスの蔓延に代表されるように、そのようなフレームの背後にある、居住環境に対するコントロールの欲望がうまく実現できず、「正常」や「正解」と考えるホームが形成できないという事態が増加してきている。言い換えれば、近代におけるホーム形成のなかで私たちが享受してきた安寧が破られ、「住みづらさ」を感じるような機会が多くなっているのだ。

このように、自分の周りの人・事物・表象の組み合わせが予期できない動きをしているようにみえ、ホームが破綻に向かっていくように感じる状態を、本書では「不気味なもの」という名前で呼ぶことにしたい。ここで注意してほしいのは、筆者たちは何らかの人・事物・表象それ自体が不気味な性質を有しているといっているのではないということだ。詳しくは第五章で論じるが、不気味なものとは近代におけるホームの形成と表裏一体の関係にあるものであり、上記のように現代において私たちがしばしば住みづらさを感じるのは、私たちが自身の手で不気味なものを作り出してしまっているからに他ならないのである。

本書において筆者たちは、地域におけるこの不気味なものに関わる様々な状況を描くことを通じて、地域活性化フレームの相対化を試みたいと思っている。そして、そのような試みを展開するためのフィールドとして、農村を取り上げたい。なぜなら、先述のように現代の農村は、人口減少や高齢化をはじめとして、地域に関する様々な「課題」の宝庫となっており、数多くの住みづらさがあふれている状態にあるからだ。この意味において、農村とは都市化の進んだ現代社会における残余物やマイノリティなどではなく、現代社会のマジョリティのもっとも先端に位置している場所といえるだろう。そして、そのような場所における人々の居住経験を問うているがゆえに、筆者たちの研究は「地域社会学」と呼ぶべきものなのである。

【引用・参考文献】

赤川学、二〇一二、「人口減少社会の地域づくり」盛山和夫・上野千鶴子・武川正吾編『公共社会学2　少子高齢社会の公共性』東京大学出版会、二三五-二五二頁
大野晃、二〇〇五、『山村環境社会学序説——現代山村の限界集落化と流域共同管理』農山漁村文化協会
帯谷博明、二〇〇四、『ダム建設をめぐる環境運動と地域再生——対立と協働のダイナミズム』昭和堂
祐成保志、二〇一三、「ハウジングとホーム」中筋直哉・五十嵐泰正編『よくわかる都市社会学』ミネルヴァ書房、七〇-七一頁
田中輝美、二〇二一、『関係人口の社会学——人口減少時代の地域再生』大阪大学出版会
中央教育審議会、二〇一二、「第6期中央教育審議会生涯学習文科会における議論の整理（中間とりまとめ）1」〈https://www.mext.go.jp/b_menu/shingi/chukyo/chukyo2/attach/1325361.htm（最終確認日：二〇二三年一月二〇日）〉
農林水産省、二〇一五、『平成二六年度 食料・農業・農村白書』
農林水産省、二〇二〇、『令和元年度 食料・農業・農村白書』

藤田弘夫、一九九三、『都市の論理――権力はなぜ都市を必要とするか』中央公論社
藤山浩、二〇一五、『田園回帰1％戦略――地元に人と仕事を取り戻す』農山漁村文化協会
本間義人、一九九九、『国土計画を考える――開発路線のゆくえ』中央公論新社
牧野智和、二〇二二、『創造性をデザインする――建築空間の社会学』勁草書房
守友裕一、一九九一、『内発的発展の道――まちづくり、むらづくりの論理と展望』農山漁村文化協会
山下祐介、二〇一二、『限界集落の真実――過疎の村は消えるか？』筑摩書房
山本努、二〇一九、「地域社会学入門／過疎農山村研究から」山本努編『地域社会学入門――現代的課題との関わりで』学文社、三九-八八頁
Bauman, Z., 2006, *Liquid Fear*, London: Polity Press.（＝二〇一二、澤井敦訳『液状不安』青弓社）

第一章

ヤマビル

コントロールできない生き物と出会う

渡邉悟史

人間に反応して動き出すヤマビル（筆者撮影）。生息密度の高いところではまるで地面から湧き出てくるかのようである。人間の体をよじ登るスピードは速く、肩口に突然出現したような錯覚にとらわれることすらある。ヤマビルが血を求める世界は林道から、畑、庭、そしてときに車内や住居へと広がっている。人新世と呼ばれたりもする現代では、様々な場所で生物の生息域が変化し、人間との新たな接触領域が現れつつある。ヤマビルはそのうちの一つである。人間の世界とヤマビルの世界はどのように重なってくるのだろうか。

一　ヤマビルがやってきた[1]

玄関の扉を開ける前に全身をくまなく眺め返す。あちこち手で払ってみる。家に入るやいなや風呂場へ向かう。脱いだ服も確認。シャワーを浴びながらどこからも出血していないことに安堵はするが、もしかしたら家の中に連れ込んでしまったかもしれない。

この日は、神奈川県清川村《きよかわむら》という山間の地域を薄着でうろついてみたのだった。ときどき小雨が降るぐずついた天気だった。「そんな格好で歩いていると食われるよ」と声をかけてくれた女性がいた。C氏、五〇代の女性である。「風の強い日には雨戸にもひっついているくらいですよ」と言う彼女に後日ゆっくりと話を聞かせてもらう約束をした。今日は行った甲斐があったなあと思いながら、そういえば家に入る前の靴のチェックが甘かったかなとまた心配もする。

ニホンヤマビル（*Haemadipsa zeylanica japonica*、以下ヤマビル）。山蛭。陸生のヒルで、体長五ミリメートル～三センチメートル程度。伸びると五～八センチメートル程度になる。尺取り虫のように移動する。強靭でしなやかな筋肉を持ち、指でちぎったり、すりつぶしたりすることは難しい。活動時期は地域や天候により変動するが一般的に五月から一〇月ごろであり、湿気の多い場所に生息する。寿命は二～三年。熱・二酸化炭素・振動等に反応するとされ、強力な吸盤で宿主に取りつき、皮膚をY字型の歯で傷つけて染み出す血液を舐める。彼らの唾液は血液凝固を阻害するので、出血がしばらく続く。その後、腫れることもあるし、痒みが長くて半年続くこともある。実験室以外の場でヤマビルを好んで捕食する天敵は見つかっていない。現在のところ重篤な感染症の媒介者である可能性は高くはないが、掻き傷からの二次感染やアレルギーの危険は排除できない。生息密度の高い土地に無防備のまま足を踏み入れると、地面から湧き出るようにして複数のヤマビルがたちまち靴を上り始める。

さて後日、C氏は自宅の前で、同年代の隣人の女性と二人で筆者を待っていてくれた。「ここでいいですか。外の方がよくわかると思いますから」。C氏の家の前は細い道路を挟んでうっそうとした人工林、裏手は休耕田である。「家の周りは雨の日は道路にも出るんですよ。ゴミ捨てに行くのにも気をつけていかないといけません。サンダルで出たらもう大変なの」。休耕田のあたりを歩くときや庭いじりも要注意である。白い服や長靴が欠かせない。白い服は、体に上られたときにすぐに気づける。

二人は三〇年ほど前に結婚を機にこの地区へ転入してきた。当初はヤマビルに悩まされることもなかった。住宅地近くにシカやイノシシ、サルが出始めたのはここ二〇年くらいのことである。あるとき「向かいの山を森林組合の人が血だらけで伐採していたんです」。ヤマビルがすぐそこに迫っていた。じきに野生動物や野良猫たちは住居近辺にもヤマビルを落とすようになっていった。「その頃から地域の子は山で遊ばなくなりました」。「本当、向かいの山は不気味になったよね。獣でもヒルでも何が出てくるかわからないんだから」。

それから彼女たちはヤマビルの出現以来繰り広げられた、てんやわんやの大騒ぎを半ば深刻に、半ば面白おかしく筆者に語った。体に上られないために何が効くのか、塩や漂白剤、酢を試してみた話、ス

［1］本章は、Watanabe（2018）、Watanabe（2019）を再構成しつつ、情報・考察を更新したものである。本研究はトヨタ財団（D16-R-0439）の助成を受けた。

トッキングの防除効果がどれくらいのものか結局よくわからなかったという話。彼女たちが採用するヤマビルへの駆除方法には決定的なものはない。薬剤も塩もカッターも使う。「ヤマビルは恨みを晴らすようにカッターで刻んで塩水につけちゃうときもあれば、赤ちゃんヒルは小さくてかわいいかもって思うこともありますよ。殺しちゃうけど」とC氏は笑った。

二　なぜヤマビルがやってきたのか

このような話はヤマビルが多発する地域では珍しいものではない。現在入手し得る資料の限りでは、ヤマビルが最初に「ヤマビル問題」として「社会問題」となったのは、秋田県の一部地域だった。井川町《いかわまち》や五城目町《ごじょうめまち》のあたりでは、一九八〇年前後から林業従事者の吸血被害の増加が顕著になった。これがどれほどの事態であったのかは、秋田県による『ヤマビル被害防止総合対策事業報告書』が伝える。この報告書によると、このとき「林業従事者からヤマビル生息地での就労が嫌われ、労働力確保の点で深刻な問題が生じていた」ほどであった（秋田県 一九九七：七八）。そこでそれまでほとんど蓄積のなかった日本のヤマビルの生態研究や防除法、忌避剤、駆除剤などの研究開発が開始されることになる。

一九八七年ごろには、キャンプ場の閉鎖が余儀なくされるなどの出来事を経てヤマビルは農地、やがて住宅地へ到達する。これは秋田県の報告書では「地区住民の生活を脅かす事態」と表現されている（秋田県 一九九七：一）。吸血被害は言うまでもなく、「肉眼でとらえにくい不気味な軟体動物が、家の周りに潜んでいる。洗濯物に着《ママ》かないか、風呂場の湯船をはいずり回っていないかと、四六時中気配りするだけでも、もうイヤだ」と「精神的被害」を挙げる人もいた（永田 一九九七：四五）。いつどこに潜んでいるかわからないというリアリティを秋田県の報告書は、「調査終了時、体中をヤマビルが付着しているか丹念に見て、付着個体は総て捕殺しているにもかかわらず、調査からの帰路、車の運転中に体をはい上がってくるヤマビルや、ハンドルの上部で探索行動をしているヤマビルを発見することがしばしばあった」と驚きを隠さずに述べている（秋田県 一九九七：三四）。ヤマビルは人体に付着してどこへでも運ばれていってしまう。この生き物は境界線を容易に侵犯する。侵犯された場所はもはや以前とは同じ場所ではありえない。

今のところヤマビルを主に運んでいるのは人間ではないとされている。ヤマビルの体内に残った血液の分析で明らかになったのは、ニホンジカやカモシカ、イノシシの大きな役割であった（たとえばSasaki & Tani 2008）。森嶋佳織らによれば、ニホンジカが分布しているかどうかでヤマビルが宿主とする動物は異なってくる。ニホンジカのいない地域ではカエル類の役割が大きい。そこから推測されるのは、ヤマビルが宿主動物をカエルからニホンジカに変えた可能性である。それによってヤマビルは栄養分を多くとれるようになって個体数を増加させるとともに、分布拡大のために機動力をも手にしたのかもしれないという（Morishima et al. 2022）。

ヤマビルの拡大経路を明らかにしようとした研究として、秋田県に続いて被害の拡大が顕著となった神奈川県丹沢《たんざわ》周辺で行われた聞き取り調査に基づくものがある[2]。岩見光一と高橋成二によると、丹沢東部や北部方面のニホンジカは戦前戦後の激しい狩猟圧によって追われ、ヤマビルが生息する奥地に逃げ込み、その地でヤマビルとの宿主関係が形成された。第二次世界大戦後のスギ・ヒノキの植林はヤマビルが生息していた奥山の周辺から始まっている。さらに一九六〇年代から八〇年代にかけて次第に里山地域で人工林の造林が行われている。ニホンジカの保護政策と重なるこのような大規模造林地の出現は、ニホンジカに好適な生息環境を作り上げ、急激な個体数の増加をもたらした。また、一九六〇年代の里地・里山は、石油やガスなどの化石燃料の出現により利用価値を次第に失って放置され、そこにかけられる人間の圧力が弱まっていく、つまり人間の手が行き届かなくなっていく。それに伴って、ヤマビルに寄生されたニホンジカなど奥地に生息していた野生動物が里地・里山地域に進出してきた（岩見・高橋 二〇〇九：一三）。

ところでしばしば忘れられていることだが、今や害獣代表格のニホンジカも日本列島に常にたくさんいたわけではない。むしろ一八世紀から二〇世紀初頭にかけて大量に捕獲され、一九七〇年代には長野県ですら絶滅が危惧される状況にあった（宮下・西廣 二〇一九：四六）。それが一九九〇年代半ばまで続いたメスの保護政策、オオカミの絶滅、戦後の大規模な植林、耕作放棄地の増加、そして狩猟者の減少と高齢化といった要因によって数を増加させたわけである（梶 二〇一五：六一－二）。

もう一つ、歴史を通じて日本列島のどこの植生も森林が基本であったわけでもない。今でこそ都市や農地以外が森林に覆われているから、昔からそうだったと思いがちだが、森林よりも草原が多い地域も少なくなかったという（小椋 二〇一二：v－vi）。森林は人間が増やしたのである。この点、「かつての姿」といった話をする際には注意しておきたい。同様に、比較的近い過去まで日本人は森林と共生関係を結んできたという言説にも身構えておく必要がある。江戸時代にはすでに乱伐や過剰な資源収奪が政策課題となっていたし、第二次世界大戦中には軍事利用や石油の禁輸による燃料の代替利用などによって、伐採可能な木材がほぼ失われたといわれるほど、はげ山が拡大していた（鈴木ほか 二〇一九：二〇一二、三七―八）。

話を戻せば、ヤマビルは人間社会と動植物の歴史が複合的に絡み合って奥山から移動し、人間と接触したといえる。ヤマビルの今の姿は、人間がそうであるように、複数の歴史の産物なのである。一九九九年から情報収集と情報発信を行ってきた「ヤマビル研究会」によると、ヤマビルの目撃談・吸血体験談が地域住民やハイカーから報告されているのは全国三七都道府県に及ぶ[3]。生息密度や住宅地への生息地の近接度はまちまちであろうし、注目の高まりによってあらためて「発見」されたものや、一時的な持ち込みで定着していないものも含まれるはずではあるが、とにかく年々このリストは長くなっているという。つまり、「人間を吸血するヤマビル」を成立させる構図が広がっているのである。

三　講演会にて：ファーストコンタクト

二〇一六年一〇月の夕方。筆者は小田急線伊勢原駅でT博士と待ち合わせをしていた。神奈川県伊勢原市が主催するヤマビル対策についての講演会に参加するためである。寄生虫学者のT博士は現在、製

［2］丹沢山系の最寄り駅である小田急線秦野駅で登山客がヤマビルと共に落とした大量の血液が発見された事件はSNS上で大きな話題となった（佐々木 二〇二〇）。
［3］ヤマビル研究会ウェブサイト「ヤマビル注意報」〈http://www.tele.co.jp/ui/leech/region.html（最終確認日：二〇二二年十二月八日）〉

薬会社付属の研究所に勤める傍ら、「ヤマビル研究会」のウェブサイトを通じた情報収集と各種の普及啓発活動に熱心に取り組んでいる。先の秋田県で防除や駆除方法の研究を、当時在籍していた秋田大学で始めたのも彼であった。会場へタクシーで向かう間、筆者たちの話を聞きつけた運転手が、「タクシーにも出ますよ。登山客が連れてくるんですよ」と話し、「気をつけてくださいね」と笑った。

今回会場となった公民館があるH地区には近年になってヤマビルが出現し始めたのだという。T博士はまずヤマビルとはいったいどういう生物なのかという話から始めた。吸血方法の説明では会場からため息が漏れた。T博士はケースに入ったヤマビルの卵塊の標本を一〇数名の参加者にまわした。「きれいでしょ。土の中のダイヤモンドだって言った人もいます」。

つづいてT博士は、重要なのは完全駆除を考えることではなく、地区の人々が協力して田畑や集落周辺の藪を刈り、野生動物を近づけないようにすることでヤマビルの供給源を絶つことだと述べた。さらに、農地でも森林内でも草刈りや下草刈り、枝打ちによって照度を上げれば土壌表面の乾燥によってヤマビルが定着しにくくなるとも指摘した。

一般的にヤマビルへの対応策は次のようなパッケージとなっている。①忌避・侵入口をなるべく減らすようズボンのすそを靴下に入れ込むなど服装に注意したうえで、忌避剤等を靴等にスプレーすることによる吸血被害予防、②駆除：駆除剤の散布やバーナーでの卵塊焼却（土中に産卵する）による駆除、③環境管理：シカ・イノシシの防護柵や森林環境の整備による生息数の低減。いずれも様々な地域、団体での試行錯誤や、ヤマビルについてのローカルな言い伝えや知識の専門家および市民・地域住民の検証[4]などを経て開発、整理されてきた。

すでにいくつかの自治体は住民による薬剤散布や森林整備への補助・支援等の枠組みを持っている。先の神奈川県清川村でもヤマビル被害防除対策事業として、ヤマビルの生息場所の報告と引き換えに駆除剤や忌避剤を安価で住民に提供したり、薬剤の噴霧器を無償で貸し出したりしている。秋田県井川町では住民への委託事業として定期的な薬剤散布を住民の居住域で実施している。神奈川県秦野市では薬剤購入や森林整備活動への補助や、講演会・小学校への出張授業の実施による啓発活動も盛んに行ってきた。秦野市や清川村を先駆けとして伊勢原市を含む神奈川県西部の自治体もそれぞれヤマビル対策に取り組んでいる。

さて、T博士の話は参加者を少なからず動揺させたように見える。質疑応答の時間になると次々と手が挙がった。ある男性は今朝もヤマビルに吸血されたと述べたうえで「先生のお話を聞くとね、絶望するというか。絶滅はできないんですか？　うちの畑を全部焼いてしまいたい気分です」と質問をした。また別の男性は「有機リン系の農薬は効くんでしょうか。一気に撒いてしまいたいのですが」と述べる。多くの参加者は同意し、口々にヤマビルによる吸血被害体験を披露しあった。T博士は頷きながら、伊勢原市のヤマビル生息数は彼が調査をした頃の秋田に比べればはるかに低いということを述べた。そして「そんなに過敏に反応することはないんです。適切に対処できれば大丈夫です。ヤマビルってのは森があるいい環境に住んでて、塩をかけてしまえば死んでしまうような弱い生き物なんですよ。無暗やた

［4］市民による研究実践としては、小学生を中心とした「子どもヤマビル研究会」の活動が有名である（樋口・子どもヤマビル研究会 二〇一一）。

らに薬を大量に撒くよりは草刈りをしていこうとか、どうしたら吸血されないかとか、そういう確認をしたほうがいいんです」。

講演会後、片付けを手伝いながら筆者はT博士に講演の狙いを訊ねた。彼は「過剰な反応をまずは抑えることが目的だと思っているんです。最初はみんなパニック状態ですから」と答えた。T博士は、住民たちには科学的な知見をヤマビルの根絶ではなく、ヤマビルへの対処のために使ってほしいと考えている。実際、人間の生活圏や行動圏内からヤマビルが完全にいなくなるという想定は難しく、彼らとの付き合い方を考えていかざるを得ないのが多くの地域での実情なのである。なお、T博士は自身と関わりの深い製品を明示的に紹介することはなかったが、この講演会は、製薬会社と行政、製薬会社と住民のつながりを生み出す役割を果たしていることは付記しておくべきだろう。

ちなみに、知識の普及や調査自体をイベント化してしまった地域もある。新潟県阿賀町《あがまち》では、地域おこし協力隊のメンバーを中心に、ヤマビルと地域活性化を組み合わせた「ヤマビル蛭蛭ミーティング」が二〇一八年から開催されている。これは訪れた人々にユニークな体験を提供しつつ、ヤマビルとの生活のあり方を科学や地域の記憶を組み合わせて問題提起していこうとするイベントである。

第一回のミーティングに出かけてみた。「ヤマビル友愛派」と自ら称するH氏が主導するプログラムは、T博士による講演や地元ナチュラリストによるパネルディスカッションと、翌日の捕獲体験の二日間で構成されていた。初日の会場には四〇名ほどの人が参加していた。のちのインタビューで仕掛け人のH氏は「企画を出したときは誰も来ないだろうと言われました」と笑っていた。T博士の講演ののち、地元の高齢ナチュラリストが記憶に基づいて阿賀町のヤマビル分布の変遷を述べたり、自然同好会の会員が自然や植生の変化やそれに伴う動物の行動範囲の変化について解説したりした。

質疑応答も活発だった。生活圏へヤマビルがより広がってくるのではないかという心配や観光客の減少を懸念する声がやはり上がる。と同時に、ヤマビルを（食用資源を含む）地域資源としてどう活用するのか、ゆるキャラのようなグッズ展開はどれくらい見込みがあるかといった地域活性化の文脈に沿った点も笑い交じりに議論された。

二〇二二年、第五回の「ヤマビル蛭蛭ミーティング」にふたたび出かけた。この年も二日間構成で、両日ともにヤマビルの捕獲体験が行われた。コロナ禍により参加人数制限が課され、それぞれ新潟県内から一〇名前後の参加があった。参加者は山中にピンセットと捕獲用のプラケース（T博士が安価な材料で作れるように考案したもの）を持って入っていく。常連参加者のなかにはビーチサンダルに半ズボンでわざと吸血させるつわものも現れ、足にびっしりとヤマビルを付けて流血しながら歩いていた。満腹のヤマビルが彼の足からコロリコロリと落ちていくたびに参加者は爆笑した。人間を吸血していないヤマビルは大きめのものを選別し研究機関へ送る。体内に残留する血液のＤＮＡを検出するためである。あまり人間が入り込まない地域で捕獲イベントを行っているにもかかわらず、不思議にも人間のＤＮＡが多く検出されつづけているのだという。

Ｈ氏によるとこのイベントの主眼は、ヤマビルが怖いものではないという認識と対処法を人々へ広めることにあるのだという。あくまでヤマビルを地域活性化に結びつけるのは人々のアテンションを引くための手段に過ぎないとＨ氏はかねてより言いつづけている。たしかに「ヤマビル蛭蛭ミーティング」に県の新聞社が取材に来るのは定例化しているし、Ｈ氏のヤマビルへの取組は全国ネットの人気テレビ番組にも取り上げられた。H氏の取組が一過性のものとして消費されていくのか、それとも人々のヤマビルへの態度に変化をもたらしていくのかはまだわからない。

四　防護柵の後（ろ）で

神奈川県秦野市の担当者は、市で継続的に行っている生息数の定点観測に同行した筆者に、「最初は根絶を考えましたが、今は現実的に考えて生息数を増やさないことを目標にしています」と何度も語った。秦野市は獣害低減のため長大な防護柵を持つが、それでも道路や河川といった切れ目から野生動物は入ってくるし、すでに柵の内側に棲みついている個体もある。薬剤で一定の地区の生息数を一時抑えたとしても、野生動物が往来するところではすぐに他所からヤマビルが供給されるというわけである。

一九九八年ごろから秦野市の主に山沿いの地区でヤマビルが徐々に現れ始めた。驚いた住民は根絶を望む。市としても地域イメージの悪化による観光客や登山客への影響を懸念せざるを得なかった。テレビ番組の取材も来た。「そのときは吸血鬼が山に現る、みたいなセンセーショナルな報道をされたんです。だからしばらくテレビの取材も受けていなかったんですよ」とヤマビル問題が現れ始めた頃を知る市役所の職員は語った。二〇一二年から秦野市はヤマビル被害防止対策事業として薬剤や卵塊を焼くためのバーナーの購入費、および環境整備を行う地区や団体へ草刈機等の道具の購入費やボランティア保険料の補助、啓発活動を実施してきた。「十分な対策ができているとは言えませんが、仕組みを作ってきたということで最近は取材を受けるようになりました」。

　ただ、そもそも何をもって「十分な対策」と呼べるのかというのは担当者にとって頭の痛い問題だろう。それから対策は「誰が」行うべきなのかという論点もある。現在はヤマビルの吸血被害を受ける「当事者」を支援するかたちであるが、そうではなく市にもっと人的介入をしてほしいという市民もいる。財源の問題もある。年限付きの県からの補助金のやり繰りを含めて、安定的な財源確保は常に大きな課題である。ヤマビルや野生動物の生態、県及び市の政策や財源をめぐる方針と事業年限、住民生活の動向など複数の異なるリズムやテンポを勘案しながら制度を運営していく手腕が担当者には求められている。

　さて、「ヤマビルなんてそこらにいますよ」と庭のあちこちを指さすのは、秦野市L地区に暮らす六〇代の女性である。L地区では二〇〇五年ごろから農地や居住地にヤマビルが出現するようになった。かつて彼女は獣害やヤマビル害が消えることを期待して先述の防護柵の建設に積極的に協力したこともあったのだという。彼女は自宅の庭や裏手にある茶畑を筆者に案内しながら、そこに入るとヤマビルに吸血されるという場所をたくさん教えてくれた。植え込みはとくに要注意だという。ただ、彼女はごくまれにしかヤマビル専用の忌避剤を用いない。ヤマビル専用のものは通常の虫除けに比べて高価だからでもあるし、そもそも意味がないのだという。「どこにいるかわかってれば、そこに近づかなければいいんだよ」と話す。どうしても庭いじりをしなければならないときは服装に気をつけ、たまに通常の虫除けを用いる。それで十分なのだという。

　別の女性は裏庭で自家消費用のショウガを育てている。年中日陰になって薄暗い場所である。夜になるとイノシシがそこに来ているのがわかるのだという。もちろんヤマビルを落としていく。うっかりすると彼女の体に付いていたヤマビルが玄関で「うねうねしている」ことも多々あるという。当初は裏庭に乾燥剤を撒いたりしてみたが効果は薄く、やがてあきらめた。今ではショウガをとるときはヤマビルを刺激しないようにそっと手を伸ばすようにしているという。「庭の半分はもうヤマビルに譲りました」。半分ヤマビルのものとなった庭では慎重にふるまう必要がある。なるべく短時間で用を済ませ、なるべく刺激しないようにするのだという。

では彼女たちよりもっと積極的にヤマビルの出現地帯に足を踏み入れなければならない人はどうだろうか。茶栽培を行っている五〇代の男性である。彼は地区の集まりに顔を出した筆者に「うちにはすごい出るから、ぜひ見に来てください」と誘ってくれた。雨の日に訪れた筆者に「理想的ですね。たくさん噛まれますよ」と彼は笑ってみせる。彼の茶畑や自家用の野菜畑は山林に隣接していて、夜な夜なシカの鳴き声が聞こえるのだという。彼は注意深く野菜畑をブロックごとに柵で囲んでいる。「気をつけてください。シカは防げるけどヒルは柵の周りにも落ちてるからね」。

この男性は畑で作業するときは一〇分ごとに体をチェックすることにしているという。彼によれば、ヤマビルが体に上って吸血する態勢に入るまでに一〇分はかかる。だから一〇分ごとにヤマビルを体から取り除くことを習慣づければ吸血されないという。摘み上げたヤマビルは塩の入ったビニール袋に入れて殺す。「体に上ったヒルだけ殺します。それで十分。それ以上は無理」。

男性は、過去にはどうにかして茶畑からヤマビルを根絶できないかと方法を探したのだと語った。「でも必要なかったですね。今ではうちのモットーは「共存共栄」。ちょっとくらい噛まれたって大したことないよ」。たしかにヤマビルは気持ち悪いかもしれないが、防護柵の増設とそのメンテナンス、継続的な薬剤散布などの金銭的、肉体的負担を促すほどのものではないし、上述の対応で十分なのだという。

ここで取り上げた人々はすでに市が主催した講演会（T博士によるもの）などを通してヤマビルに関する科学的知識を有していた。また十数年来の接触や吸血被害経験によってヤマビルの多い場所や時間、吸血を誘発する行動などに関する経験知も蓄積していた。このとき知識は、ヤマビルをコントロールするよりは、自身の行動をヤマビルと調整するために用いられている。

ここには、いわば曖昧な場所の広がりがある。農地や庭にはヤマビルがやってきて、従来と同じような関わり方をすることができなくなる。農地や庭は、かつては所有者あるいは管理者・耕作者がそこで何が生えるべきなのか、何が生きるべきなのか決定し、管理する場所であった。今はヤマビルがいても仕方がないとされている。これは所有者が十分な力を有しながら決定したことではない。ヤマビルは所有者の意図に関係なく入ってきて、そこに居座ってしまう。そうなれば人々は自分が主導権を握っているのか判別しがたい曖昧な場所においてふるまう術を編み出していかざるを得ない。これが「共存共栄」の術であり「庭を譲る」ということでもある。

八〇代の男性は、平日は片道二時間の通勤をしながら働き、休日は朝から晩まで地区の植林をしていた過去を振り返る。かつての里山と並んで管理の行き届かない人工林が問題の温床となっていることに複雑な思いを抱えているようである。「今となってはあれ（人工林）がよかったのかわからん。でもあの頃には戻れないし、やってきたことをなしにはしたくないよ」。そうして彼は自分で冗談めかして言った「山を全部焼いてしまう」というヤマビル対策をひっこめるのだった。その代わり、彼は地域の里山管理活動に参加している。その活動の目的の一つは、林内の照度を上げ、土壌表面の湿度を下げることでヤマビルが定着しないようにすることである。その活動は彼にとっては過去に生活や生産のために薪を拾っていたことを想い起こさせるものであり、自分と森林との関わりについて再考させるものでもあるという。

五　駆除の現場

曖昧な場所が増えるとしても、ヤマビルは殺さざるを得ない。身体や住居は守らなくてはならないし、特定の活動を行うにあたってヤマビルがいては都合が悪いということもあるだろう。前節で最初に取り上げた女性がヤマビルについて困っているのは、当人が吸血されるということではなく、むしろ孫が来ても庭で遊ばせられないことだという。この悩みはよく聞くものである。本章冒頭の清川村の事例でも子どもたちが山で遊ばなくなったことが言及されていた。ヤマビルが出現するのがしばしば過疎化に悩む農山村であることを考えれば、これは切実なものとして受け止める必要がある。こういった悩みは、子どもや孫たちが地域に愛着を持ってくれないのではないかという不安と直結しているのである。

だからヤマビルが減るに越したことはない。では駆除の現場では何が起こっているのだろう。静岡県の山間の町、浜松市天竜区C町を訪ねた。ここにはヒル採りという作業をしている人たちがいる。

作業自体は単純である。何人かのグループでヤマビルの生息地に出かける。そこで誘いだされてきたヤマビルをピンセットや割り箸でつまみ上げていく。ヤマビルはガラス瓶の中の塩に入れて殺す。そうして殺した個体を数えておいて、最後に記録する。それだけである。ヒル採りは、薬剤散布は環境への影響が大きいかもしれないと判断して始めたそうである。ただ、手間のかかる活動が続いているのはなぜか、それを知りたくて訪ねた。

ヒル採りを行っているのは、ハイキングコースの整備をミッションの中心として地域の活性化を目指す活動団体である。この団体は地元の六〇代の男女一〇名ほどを核として結成され、ヒル採りは二〇一三年から始められた。直接のきっかけはハイカーたちからの苦情だったという。おまけに観光客が運転する乗用車のハンドルにヤマビルが躍り出て、脱輪事故が起きたという噂もあった。

ヒル採りを担当するのは主に女性であるという緩やかな性別役割分業がこの団体にはある。ヒル採りが始まる前までは、山道を整備・補修したり、看板を立てたりする男性たちの補助に女性たちは回りがちであった。これに対し、ヒル採りは女性が主役になる仕事である。

二〇一七年九月、この日のヒル採りは標高一一〇〇メートルの山上にある神社へと続く山道で行われることになった。ヒル採りの参加者は筆者を除いて男性二名、女性三名。出発前に割り箸と、塩辛が入っていたような蓋つきの小さなガラス瓶を渡された。その瓶の半分くらいが塩で満たされている。ゆっくりと八時過ぎから四時間ほどかけてジグザグの山道を一列に並んで登っていくことになった。夜のうちに少し雨が降ったようで「良いコンディション」とのことだった。

意図せずとも登るペースはゆっくりとならざるを得ない。「いた！」という声がすぐに上がり、しゃがみ込むメンバーが現れるからである。「二〇、二一、二二」などと数えながら彼らはヒルを拾っていく。「これは大きなやつだねえ」「こいつはずいぶん小さい」「（長靴を）上って来てくれてありがとう、儲け」「そこにいるのもらうね」などと言いつつ摘み上げる。メンバーたちはヤマビルに体を上られていないか相互に注意し、お互いの足や背中についたのをはがしたりもする。ヤマビルは箸やピンセットに貼りつき抵抗するが、道具の先を瓶の中にそのまま突っ込むと塩にやられて転げ落ちる。

箸の先についた塩に触れたことで粘り気を帯びるヒルを摘み上げるのは簡単ではない。ヤマビルが伸びあがってくる時にうまく摘めず、丸まったのに難儀していたり、靴下に食い込んだのにもたついたりしていると、また別のヤマビルが靴に上って来たり、こちらに向かって来たりしているのが見える。それでも一匹一匹落ち着いて対処せざるを得ない。他のメンバーの助けを求めることも多々あった。

ヤマビルの生息密度が低いところでは、メンバーは山道がかつてどのような使われ方をしていたのか年長者の昔話を聞いたり、動植物の名を確認したり、ツキノワグマの爪痕を確認したり、栃の実を拾ったりする。そうこうしているうちに女性メンバーが腕を吸血された。彼女は「血が垂れてきたから鼻血かと思った」と笑いながら傷口を塩でもみ、市販されている強めの虫刺され薬を塗った。

効率のよい根絶、あるいは皆殺しへの誘惑は存在する。筆者が他所のヤマビルへの対処について訊ねられて、丹沢地方で行われているバーナーを用いて卵塊を落ち葉ごと焼却する駆除法のことを話すと、「それは効率よさそうだ」という声が上がった。

手作業という効率性に関わる制約は不断の抑制によって保持されている。二〇一七年に別の団体が観光スポットの一つに薬剤を使用した。メンバーたちはその結果を見てあらためて手作業の継続を決定したのだという。そこで見られていた植物の種数が減ってしまっていたからだった。この薬剤使用と植生変化のつながり自体をすぐさま科学的に証明するのは難しい。しかしメンバーたちは、自分たちが環境を意図せず改変する大きな力を得てしまっているということに自覚的になる契機としてこの出来事を受け止めたのだという。

メンバーたちは自分たちの身体を単にヤマビルの被害を受ける対象とするのではなく、食われる身体として積極的にヤマビルに晒し、ヤマビルを知るための道具としている。ヤマビルと人間の関係の再編は、土地のあり方だけでなく身体のあり方にまで及ぶ。服装のみならず、歩き方、視線の高さ、人間同士の注意の払い方、首筋に突然現れる驚きや恐怖への順応、吸血時の対処など、行動や意識の持ち方はヤマビルとの相互行為の繰り返しによって改変され、形式が作られていく。メンバーの女性は次のように話した。ヒル採りを始めた当初は、とにかくヤマビルが嫌で嫌で「キャーキャー叫ぶ役」だったが、今は「熟練」になった。笑って活動できるようになった、と。恐怖以外の感情がヤマビルと人間の関係に絡まっていく。

六　少し、たまに、世界が重なる、世界を重ねる

ヤマビルは身体や住居といった「人間の領域」の本丸にあたる場を簡単に侵犯し、潜む。それが各種の獣害と比べて異彩を放つ特徴だろう。日本の農村居住や農林業は一定期間、大型野生動物とそれらが

［5］科学的な検証はされていないが、人間と出会ってからの歴史が浅いために、ヤマビルには人間の血に適応できず死んでしまう個体が多いという話も聞かれる。たしかに筆者を吸血したヤマビルは死ぬ。同様のケースは阿賀町の「ヤマビル蛭蛭ミーティング」において参加者を吸血したヤマビルにも見られた。

連れてくるものたちを原則として無視できるということを前提に構想されてきた。もはやそうではない。

本章ではヤマビルとの生活はいかなる経験をもたらすものなのかを各地の騒動を点描しながら考えてきた。両身体の基本組成の変容が起こらない限り、殺す‐殺される、吸血される‐吸血する、寄生される‐寄生する、という関係から人間とヤマビルは逃れられないだろう。馴れ合いはできない。そうだとしても、そのハイフンに身体や感情、記憶、科学的知識、地域活性化、ジェンダーが絡まることで、関係のバリエーションは増殖していく。

両者がこれからどのような関係において何者になっていくのか、それぞれどう変わっていくのか、まだわからない[5]。ヤマビルとの生活が教えるのは、単純な敵対関係が回避される成り行きであり、居住可能性を探ることが生物学の探求となる今日の暮らしの災難と可能性でもあろう。共存が、生きる空間を共にしない棲み分けを意味するのであろうと、暴力的衝突を避け同じ世界で生きることを意味するのであろうと、ヤマビルをめぐる事態をそう呼ぶのにはためらいを覚える。むしろ課題は、生きる空間を共にしつつも生きる世界を重ね合わせないようにすること、それでも部分的に重なってしまう世界たちをどのように折りたたむかというところにあるのではないか。

調査から帰ってきて、家に何も連れ込んでいないことを祈りつつ考えるのはこのようなことである。

【引用・参考文献】

秋田県、一九九七、『秋田のヤマビル――生態と防除　ヤマビル被害防止総合対策事業報告書』

岩見光一・高橋成二、二〇〇九、「丹沢山地におけるヤマビルの生息分布と生息環境」『神奈川県自然環境保全センター報告』六：二一-三五

小椋純一、二〇一二、『森と草原の歴史——日本の植生景観はどのように移り変わってきたか』古今書院

梶光一、二〇一五、「ニホンジカ」梶光一・小池伸介編『野生動物の管理システム——クマ・シカ・イノシシとの共存をめざして』講談社、六〇-八三頁

佐々木萌、二〇二〇、「小田急・秦野駅でヤマビル大量発生　登山客の「お持ち帰り」で繁殖？　注意喚起ツイートに反響」『Jタウンネット』〈https://j-town.net/2020/06/20306479.html?p=all（最終確認日：二〇二〇年七月一日）〉

鈴木牧・齋藤暖生・西廣淳・宮下直、二〇一九、『人と生態系のダイナミクス②　森林の歴史と未来』朝倉書店

永田賢之介、一九九七、『秋田の吸血生物——ヤマビル』秋田魁新報社

樋口大良・子どもヤマビル研究会、二〇二一、『ヒルは木から落ちてこない。——ぼくらのヤマビル研究記』山と渓谷社

宮下直・西廣淳、二〇一九、『人と生態系のダイナミクス①　農地・草地の歴史と未来』朝倉書店

Morishima, Kaori, Takafumi Nakano, & Mineaki Aizawa, 2022, Sika Deer Presence Affects the Host-parasite Interface of a Japanese Land Leech, *Ecology and Evolution* 10(12): 6030–6038.

Sasaki, Osamu, & Shigekazu Tani, 2008, Sika Deer and Wild Boar are Possible Host Animals of the Land Leech Haemadipsa Zeylanica Var. Japonica（Whitman）in Kanagawa Prefecture Based on a PCR-SSCP Snalysis of 28S rRNA. *Medical Entomology and Zoology*, 59(1): 25–28.

Watanabe, Satoshi, 2018, Life with the Yamabiru（Land-Dwelling Leech）after the Failure of a Fence in Rural Japan. *Journal of Asian Rural Studies* 2(2): 110–123.

Watanabe, Satoshi, 2019, Attudes towards Catching and Killing the Yamabiru（Land Leech）in the Tenryu

Area. Japan. *Journal of Asian Rural Studies* 3(2): 130–144.

第二章

空き家

地域社会の問題を顕在化させるモノと向き合う

芦田裕介

山間部の集落で管理されず放置されている空き家の様子（筆者撮影）。屋根や壁、戸や窓など至るところで劣化が進んだ状態である。そのうえ、周囲の草木も伸び放題のために、もはや家屋と一体化して何ともいえない雰囲気を醸し出している。いまや日本の農村においてこうした光景は珍しいものではなく、むしろ「日常生活の一部」となっているといっても過言ではない。このような空き家が生じる背景には、いったい何があるのだろうか。

一　空き家との遭遇

その空き家は集落の中心部にあった。かつて地元の名士であった家の屋敷は、集落内でもひときわ敷地が大きく、立派な造りの古民家であった。ただし、その周辺には草木が生い茂っており、崩れかけた塀、色あせた表札と扉は、長い間そこには誰も住んでいないということを示していた。「さあ、こちらからどうぞ」と声を掛けられ、筆者はガタつく玄関口から、その内部に恐る恐る足を踏み入れた。

二〇一三年三月、筆者は岡山県の山間部にあるX集落にいた。目的は空き家に関する調査である。筆者は、目的地の空き家があるX集落の出身者であり、調査協力者でもあるAに連れられ、この集落を訪れた。筆者は大学院の所属研究室の後輩を通じてAと知り合い、農村の空き家について研究したいと考えているという話をしたところ、「一度X集落に来てみませんか」という誘いをうけた。当時の筆者には空き家に関する研究蓄積はなく、立派な研究の仮説があったわけでもなかったが、とりあえず行ってみなければわからないこともあると考え、その誘いを承諾したのである。

X集落は岡山県の南西部に位置し、岡山駅からは公共交通機関を乗り継いで二時間以上かかる山間部にある。当時、X集落には二四戸の家屋があったが、そのうち居住者がいるのは一一戸、残り一三戸のうち九戸は転出し、四戸は廃屋になっていた。集落の住民もほとんどが高齢者であり、全国的にみても過疎化が進んでいるとされる、中国山地沿いの典型的な農村地域といえる。Aは大学入学以降、関西地方に転出していたが、定年退職を機に頻繁に実家に帰るようになり、地域づくりの活動に関わるようになった。今回の目的地である空き家は、もともとはAの生家と親戚関係にある家であり、現在は所有者が他県に居住しているという状況であった。すでに先祖の仏壇や墓も移しており、元の家には戻るつもりがなく、その結果として、家自体は二〇年以上ほとんど放置されているという状態であった。

Aの案内で空き家内部へと足を踏み入れた筆者が目にしたのは、その家で暮らした人々の生活の痕跡であった。たとえば、「ブラウン管式のテレビ」「食器棚に納められた来客用の食器類」「一九九〇年五月で止まっているカレンダー」などである。日本家屋であるため、玄関付近には「土間」があり、ふすまや障子で部屋が仕切られている。そのほとんどがほこりをかぶり、家屋のあちらこちらが老朽化していた。とりわけ台所やお風呂場やトイレなどの水回りは、「手の付けようがない」という印象であった。中二階は、かつて養蚕が行われていたことをうかがわせる造りになっていた。柱や梁などは素人目にみても立派なものであり、いわゆる「古民家」という雰囲気を漂わせるものであったが、それ以上に生活の痕跡の方が気になった。

Aは、この古民家を改修するなりして、何とか地域づくりに活かせないかと考えていた。集落の中心の目立つ場所に雑草が生い茂った大きな空き家があるというのは、「景観としてもよくない」ということもあった。筆者は「なかなか難しいですね」というようなことを口にし、Aもそれに同意していた。こうした話をしながら、筆者には何とも言えない感覚があった。その地域で一番栄えていた一家、その象徴としての屋敷が、立派であるからこそ逆に空き家になったときに際立って目立ってしまう。その空き家からは、「時代の流れ」や「皮肉な結果」などという言葉では片づけられない、大きな社会の動きのなかで何かが生まれ失われていく、目を背けたいけれども直視せざるをえない、そんな圧倒的な「現実」を突きつけられたように感じたのであった。

二　空き家を利活用する動き

近年、空き家[1]への社会的関心は高まっている。『平成三〇年住宅・土地統計調査』によれば、全国の空き家数は八四六万戸、空き家率は一三・六パーセントに達した。二〇一四年に「空家等対策の推進に関する特別措置法」（以下「特措法」）が制定され、マス・メディアでは「空き家問題」が盛んに取り上げられるようになった。こうした流れのなかで、各自治体において空き家対策を進めるという現状がある。特措法における空き家対策の基本的な考え方をまとめると以下のようになる。まず、適切な管理が行われていない「空家等」がもたらす問題を解消するためには、「空家等」の所有者や管理者が自らの責任により的確に対応することが前提となる。そのうえで、「空家等」の所有者等が、自らの「空家等」の管理を十分に行うことができない場合、所有者の第一義的な責任を前提としながらも、住民にもっとも身近な行政主体である各市町村が、地域の実情に応じて対策（有効活用や除却）を講じる。

空き家が生じる要因は複合的であるが、マクロな要因は二つある。一つ目は、戦後の農村部から都市部への人口移動である。二つ目は、世帯数の伸びを上回って住宅数が増えていることである。また、ミクロなレベルでみると、居住者の死亡や転居に伴って子どもなどの相続人が居住しなくなり、そのような住宅が中古市場に流れないことで空き家が発生する。そして、都市部における「空き家問題」とは、基本的に空き家の管理不全による地域の防災性・防犯性の低下や居住環境の悪化などの「外部不経済」のことであり、その対策として、規制を強化して所有者に「管理」を促す、あるいは「除却」を進める。一方で、農村部における「空き家問題」は、こうした「外部不経済」の問題に加えて、人口問題（過疎問題）と結びつけて考えられる傾向があり、移住定住促進を通じて、空き家を利活用することによる解決を目指している。その根底には、「空き家」（跡地を含む）を適切に管理し、活用することで、地域の振興につなげようとする発想がみられる。

過疎地域の自治体では、都市から農村へのＵＩターン希望者増加を契機に、一九八九年頃には空き家活用事業を開始した（山本 二〇一三）。実際に、多くの自治体では、移住者が住むことを前提として「空き家バンク」のような空き家の利活用の事業を進めている。[2] 移住促進政策により、農村においては移住希望者が増加する一方、提供する空き家は不足することがある。また、盆・正月の利用や大型家具保管等、所有者の個々の事情によりすぐに活用できない物件も存在し、時間の経過によって老朽化して活用できなくなる場合もあり、「空いていない空き家」も数多く存在する（佐久間 二〇二一）。

こうした空き家をめぐる社会的な動向を追い、自治体の取組を調べていくなかで、筆者は疑問を持つ

［1］住宅・土地統計調査における空き家には、「賃貸用の住宅」「売却用の住宅」「二次的住宅」「その他の住宅」の四種類がある。「その他の住宅」とは、「賃貸用の住宅」「売却用の住宅」「二次的住宅」以外の住宅で、転勤・入院などのため居住世帯が長期にわたって不在の住宅や建て替えなどのために取り壊すことになっている住宅のほか、空き家の区分の判断が困難な住宅などを含む。

［2］こうした取組の先駆的な例として、京都府綾部市では、移住の主なターゲットを「子育て世代」に定め、その定住促進のために積極的に空き家の利活用を進めてきた。具体的には、「あやべ定住サポート総合窓口」を設置し、「空き家登録制度（空き家バンク）」「空き家情報発信」「空き家見学ツアー」などの取組を行うことで、移住希望者が住めるように空き家のマッチングを促している。その際に、空き家提供者に五万円を給付する「空き家流動化報奨金制度」、さらに空き家の購入、改修費への助成など金銭的な支援を充実させることで、空き家の流動化を進めている。

ようになった。「空き家」と一口にいっても個別に状況は異なるし、空き家が存在する地域社会の事情も多様である。しかし、特措法以降の空き家対策は、とにかく早期に利活用か除却を促すものであり、それぞれの地域社会の実情を考慮して対策がなされているようにはみえなかった。実際に、筆者がX集落で出会った空き家のように、簡単に利活用も除却もできない空き家も確実に存在していたのである。

また、空き家に関する研究[3]については、こうした政策の流れに沿うような形で、「いかに空き家を有効に利活用するか」「どうすれば移住者を呼び込めるか」といった課題設定がなされる。多くの場合には、空き家の活用に成功した「優良事例」を取り上げ、その成功要因や活動継続の条件などを抽出する。さらに、その先に空き家の活用を通した地域振興を志向しているという点も国の空き家対策に沿っている。

こうした「優良事例」が積極的に紹介される一方で、筆者が出会ったような空き家は研究対象になりにくい。しかし、現実には多くの地域で増えているのはこのような管理できない空き家だと考えられる。こうした空き家の所有者に対し、国土交通省や総務省、地方自治体や研究者による意識調査はなされていたものの、空き家を抱える地域の住民の実態については、十分な調査・分析がなされているとはいえない状況があった。

農村の現場において、地域住民は空き家をどのように認識し、対応しているのか。いったい何が「空き家問題」なのか。このような問題意識を持って、筆者は二〇一四年から、全国的にみても空き家率の高い和歌山県内で、空き家対策に取り組んでいる自治体である高野町《こうやちょう》において、フィールドワークを行ってきた[4]。

三　地域住民にとっての「空き家問題」

調査地である高野町は、和歌山県内においても人口減少が著しい地域であり、空き家への対応を考えざるを得ない状況にあった。高野町には、二〇〇四年に世界遺産に認定された「高野山」があり、高野山上には真言宗の総本山である金剛峰寺をはじめとして数多くの寺院が存在し、「宗教都市」として国内外から数多くの仏教関係者や観光客が訪れる。高野山周辺の山間部には集落が点在しているが、この周辺集落においては人口減少が顕著であり、過疎化・高齢化が進行している。高野山へは、大阪・難波から南海電鉄高野線とケーブルカー、路線バスを乗り継いでアクセスできる。周辺集落にも鉄道の駅があり、通勤・通学のために利用されてきたが、現在は本数が一時間に一本程度なので使い勝手が悪く、バスの本数も少ないため、日常生活においては車が必須である。

国勢調査によれば、高野町の一九六〇年の人口は九、三二四人であったがその後に減少に転じ、二〇〇〇年には五、三五五人、二〇二〇年には二、九七〇人となった。一九八六年以降、死亡数が出生数を上回る人口の自然減が続いている。一九九六年以降は、転出数が転入数を上回る人口の社会減も続いている。高野町では、持家に住む世帯数がピーク時と現在で四〇〇以上差があり、人口減少と世帯規模

［3］空き家に関する研究については、佐久間ほか（二〇一七）や佐藤（二〇一九）を参照されたい。
［4］本章の内容の一部は、芦田（二〇一七a）、芦田（二〇一七b）を改稿したものであり、調査の詳細についても必要であれば参照されたい。

の縮小の結果、持家が空き家に転化している。

高野町においては、二〇一二年に「高野町空き家等現状把握調査」が実施された。この調査で周辺集落において空き家とみなされた物件は、二一〇件あった。空き家管理者の居住地は、県内であれば車で一時間以内、県外であれば車で三時間以内というものが多かった。空き家管理者の意識としては、「家が古いので（倒壊で迷惑をかけるまえに）更地にしたいが費用がわからず、その後の活用方法・予定もない」「売却・賃貸してもよいが、荒れている、ゴミがある」といったかたちで、手続きや片付けの手間が問題となっているケースがみられた。他方で「先祖供養（仏壇・墓）のため」「先祖代々の土地・家であるため」「帰省時の利用のため」といった理由で、「売却も賃貸もしたくない」という意見も多かった。また「子や孫が故郷の自然が好きなので、帰省の際に使用できる部分を残したい」という意見もあった。

こうした状況を踏まえ、筆者は高野町内で地域住民に対して聞き取り調査を行った。調査対象者たちは、多くの住民が「便利さを求めて出ていった」と語った。その主な理由は、「仕事のため」「子どもの教育のため」「買い物や病院に行くのが不便なため」などである。「昔は三世代同居も多かった」が、町内では子どもの進路の選択肢が限定されるため、「親が子どもを外に送り出してきた」という。そして、子どもが他出し、親世代が高齢化することでいずれ親だけでは住めなくなる。

高野町の産業構造を確認すると、一九六〇年時点において、第一次産業従事者の比率は三七・八パーセント、第三次産業従事者の比率は四三・七パーセントであったが、二〇一〇年にはそれぞれ五パーセントと八一・三パーセントになった。いまでは観光関連の仕事が高野町の主要産業のため、周辺集落では、農林業に従事しながら町外に兼業で勤めに出る者、高野山内の土産物屋へ働きに出る者もいる。それでも町内に留まれば人口は流出しないが、一九六〇年代以降、急速に都市部へ若い世代が流出していった。調査からみえてきた地域住民にとっての「空き家問題」とは、①空き家自体から生じる問題（主に外部不経済）、②空き家をきっかけに顕在化する社会が抱える問題、ということであった。空き家がある地域社会においては、「空き家」自体も「問題」であるが、それ以上に「空き家が生じるような生活環境」が問題とされやすいのである。

政策的には、「空き家問題」に対して空き家を除却するか、利活用を通じて地域振興を図るという課題解決の方向性が示されている。農村の空き家に関する研究においても、移住者を呼び込み、空き家を利活用するために、地域住民が空き家を維持・管理する重要性が指摘されている（佐久間 二〇二一）。しかし、筆者のこれまでの調査を踏まえると、現状では地域社会における空き家をめぐっては、利活用に向けた仕組みが整っている地域ばかりではない。地域住民は、空き家の「除却」や「利活用」という解決策を取れず、どうすべきか悩みながら、対応に苦慮しているというのが「現実」であった。

このような状況において、われわれがまずもって考えなければならないのは、こうした「現実」に向き合って生きている農村地域の居住者の意識と行動である。この点を十分に把握せずに一律の対策を講じることは、当該地域の住民に対して効果がわからない空き家対策のための時間と労力を強い、その日常生活に支障をもたらす可能性すらある。

空き家をめぐる人々の意識と行動を把握する際に重要になるのが、以下の三つの関係である（芦田 二〇一七ａ）。第一に、「人と人との関係」である。人のつながりによって地域社会においても様々な活動が可能となる。第二に、「人と自然の関係」である。農業や林業、あるいはそれを加工する仕事などでは自然を利用することが必要であり、たとえそうした生業に関係なくとも、日常的に自然を管理することが求められる。第三に、「生者と死者の関係」である。空き家の管理をめぐっては、「仏壇」「お墓」などが重要な論点となっており、他出者が出身地と関わる点も含め、先祖という「死者」との関係を考慮する必要がある。現代の農村地域では、戦後日本の社会変動の過程において、地域社会を支えてきたこれらの三つの関係を維持していくことが難しくなっている。

四　空き家と向き合う実践

二〇一五年八月、私はこのとき高野町内の集落へ調査に向かっていた。周辺集落付近の道路は狭く入り組んでおり、車同士がすれ違うことができない場所も多く、地域住民の案内なしでは辿り着くのが難しい集落もある。私は自分で運転する自信がなかったため、高野町役場の職員の方が運転する車に同乗させてもらい、目的地であるY集落を訪れた。

Y集落は山林と小川に囲まれた自然があふれる場所にあり、小規模な畑とともに民家が点在していた。集落内の山林には高野山と熊野本宮大社を結ぶ「小辺路《こへち》」と呼ばれる細い山道が通っており、「熊野参詣道小辺路」として世界遺産にも認定されている。「小辺路」は参詣のための「修験者の路」であると同時に、人や物資の移動に用いられる「生活道路」でもあったため、人の往来が盛んであった昭和初期まで集落には宿屋や商店も存在し、一九一四年には四〇戸二〇〇人程度の住民が居住していた。しかし、一九四〇年に林道が整備されたことによって小辺路の利用者は減少し、それに伴いY集落の人口も減少していった。それでも一九五八年には一九戸九二人が暮らしていたが、一九六〇年代からは若い世代を中心に人口流出が進み、二〇〇五年には八戸一五人、二〇一五年には七戸一〇人にまで減少した。調査時点で、住民は七‐八〇代の高齢者がほとんどであり、四戸は高齢者だけの独居世帯であった。集落内には完全な空き家が三軒あったが、いずれも老朽化が進んで外からみても家屋の損傷がはっきりと確認でき、町の空き家調査でも「大規模な改修なしで人が住める状態ではない」ということが確認できていた。

調査対象者のBは、集落内にある町営の体験交流施設で出迎えてくれた。この施設は、一九八〇年代に廃校となった小学校跡を改修した建物であった。Bは七〇代（調査当時）の男性であり、妻と共にY集落で暮らしていた。Y集落の家の長男として生まれ、二〇代前半までは集落で過ごしたが、一九六五年に和歌山市内で製造業の仕事に就き、集落を離れた。その後、現在の妻と知り合って結婚し、二人の子どもを授かった。和歌山市内に住居を構えて暮らしながら、盆・正月には定期的に生家に帰省していた。二〇〇一年に退職し、父親が亡くなって住人がいなくなっていた生家に、妻と二人で戻ってきた。Uターン以降は、集落の地域活動の中心となり、集落支援員の仕事も務めた。

以下この事例について、先述の空き家をめぐる三つの関係から経緯を整理していこう。

四‐一　人と人との関係

Bが集落を出る前は「五〇人以上いた」という地域住民は、戻ってきたときには一三人になっていた。Y集落における過疎化の要因について、Bは次のように語った。

過疎化になった大きな要因というのは、やっぱり集落内、そして集落間での婚姻がなくなってしまったということなんです。例えば、集落の中で私ら一七～一八の頃は青年団をつくっておって、二〇人ぐらいの娘さんとか男性の青年団で構成してたんですね。ここで盆踊りなんかやってたんですよ。ところが、そういった娘さんたちがだんだんと町に嫁いでいくようになったんですよね。集落に嫁がなくなった。そしたら集落で昭和の三〇年ぐらいまでは、こういった封建的な集落は世襲制度っていうの〔が〕ありまして、長男は必ずその家を継いでいかないかんというような、暗黙の昔からの約束みたいなもんがあったんですよね。ところがそれさえできなくなったんです。なぜかいうと、女性たちが嫁に来てくれなくなった、集落に。それで皆さんは、女性も出ていけば、男性も出ていくっていうようなかたちになってしまった。

高野町の家族・親族のあり方は、厳密には集落によって異なるが、長男が家を継ぎ、親と同居するのが一般的で、かつては次三男以下の子どもはムラから出て行って仕事を見つけるか、養子に行かせるのがよいといわれた（高野町史編纂委員会編 二〇一二：三六–三七）。また、地域の社会組織に目を向けると、青年団や婦人会の活動は減少や解散が進んでおり、子どもの集団は学校単位で活動してきたが、少子化と学校の統廃合で活動は減少している（高野町史編纂委員会編 二〇一二：三一–三五）。BがY集落を出る頃には、従来の家族や社会組織のあり方は変化してきており、そのことが人口減少につながった。

Bによれば、今後も空き家が増えていくことは確実であり、対策が必要であると考えていた。空き家は一年放置するだけでも台所や風呂場などの使用に支障をきたし、三年も経てば元の状態に戻すのは困難であるという。それゆえ、人が住んでいない住宅は定期的に掃除や風通しをしないと、使える状態が維持できない。そもそも、Bによれば集落における家屋には築一〇〇年を超え、いつ崩れてもおかしくないような「古民家」も珍しくなかった。

私ところの家で、今、（築）二〇〇年以上たってるんですよね……何とかこの家を子どもたちに残してやりたい。そうするためには、もう大きな改修工事が必要なんですよね。長男が今、和歌山（市）で住んどって、彼はもうここを気に入ってるんですよね。彼にここを引き継がせてやりたいな。そのためにはきちっと住めるようにしてやるのが前提条件。しかしそれも多額の費用がかかるのが想定されるんですよね。屋根吹き替えないかん、トイレはちゃんとできた、部屋の壁もちゃんとせないかん、やっぱり最低一〇〇〇万はかかるな。そうなったときに、子どもに「おまえ、一〇〇〇万、半分出すか」と、「この家、残すか」って言うたらどう返事するかな。

当たり前の話だが、住宅は時間の経過とともに老朽化し、何らかの損傷が生じるものであるため、定期的なメンテナンスが不可欠である。住宅を建てなおさずに次の世代に引き継ごうとすれば、高額な費用のかかる工事が必要になることもある。とりわけ空き家になった家に誰かが住もうとする場合には、この改修費用が問題となる。自治体によっては、改修費用の補助が出ることもあるとはいえ、住宅の状態によってはそこまでして住むべきかどうかということを考えざるをえない。家族といっても、簡単に家を引き継ぐというわけにはいかないのである。結果的に、所有者に放置され誰も管理できない空き家も増えることになる。

もう空き家どころか、この下の家なんて納屋がつぶれて、そのままでほって（放置して）るんやね。景観的にも問題やから、倒壊した納屋、何とか、手伝うから片付けませんかと言うたら、あれは子どもにやってるもんやから、勝手に手付けられないんやいうて体裁よく逃げられましたけどね。それ以上はもう言えないんですよね、プライベートなことに入ってくるから。納屋がつぶれて、もうそりゃ廃屋になって誰もおらなくなってつぶれていくんやったら、これは仕方がないんやね。

空き家とその周囲の自然環境は、つねに管理しつづけなければ現状を維持することすらできない。空き家の所有者の意向次第で管理はより難しくなり、個々人の力だけでどうにかなるものではない。同じ集落の人間といっても、他人の家について過度に干渉することはできない。とくに集落外の他出者に対しては、呼びかけすら難しい状況があった。

四-二　人と自然の関係

Y集落も含めた周辺集落は農林業が盛んな地域であり、人々は豊富な自然資源を利用して生計を立ててきたが、高度経済成長を経て他産業の従事者が増加し、さらには都市部へと出ていく若者が増えた。Bによれば、長男である自身が集落を出るきっかけになったのは、主要産業である林業の変化であった。

この辺で生活するといったら、林業ですよね。林業の機械化で、チェーンソーで木を切る。そしたら、森林の枯渇化っちゅうのが〔林業衰退の〕多い要因になったんですね。木を切って、その後にすぐ木を植林するんですが、再生が追っ付かない……すぐに植林して森林肥料をやったとしても、なんぼ科学技術が発達したとしても、今まで五〇年かかって育った木が三〇年では育たないんです。やっぱり五〇年、一〇〇年かかるんですよ。そうしたらだんだん仕事がなくなっていくということなのですね。そうしたらもう長男であろうが誰であろうが、生活の糧を求めて都会に出ていくということになる。

一九五〇年代以降の林業の機械化に伴い作業効率は向上した一方で、山林資源はその再生よりも早いスピードで枯渇が進んでいった。他方で、都市部での労働力の需要は高まっていた。

ちょうどその頃、日本の経済っちゅうのは高度経済成長期とかあったでしょう。どこ行っても皆、手を受けて待ってくれとるんですよ。こういった山村集落で肉体労働で耐えてきた若者っていうのは、非常に辛抱強い。そして真面目に働く。どこ行ってでも非常に労働に対する評価が高かったんですね……その当時、賃金も良かったわけなんですよね。そして、よく3Kといわれる仕事、危険、きつい、汚い。もう山林労働っていうのはこの3Kが付きまとうんですよね。ところが町工場なんかへ行きましたら、しんどいことはしんどいけど。山林労務ほどではないんですよね。そして定時に五時になったらちゃんともう終わらしてくれるし、寮も完備してくれる。働く者にとっては非常に都合のいい状態がずっと続いたわけなんですね。ですから皆、若者が出ていったんです。

高野町の林業においては、一九八〇年に開通した道路「高野龍神スカイライン」の影響によって、材木の運搬や植林、手入れなどで車が活用しやすくなった。その一方で、木材需要の低迷や価格の安い輸入材との競合等の影響により木材価格は下落し、日本の林業を取り巻く状況は厳しくなった。その結果として、個人所有の山林は管理も難しい状況になっている。また、道路の開通に伴ってゴミの不法投棄のような環境への悪影響も生じた。

Bによれば、近年では集落の重要な産業は、スギ科の針葉樹の「高野槙《こうやまき》」を育て切り枝（花）を出荷することである。コウヤマキは真言宗の寺院や家庭では、仏前の切り枝として広く使われており、真夏の高温や氷が張るような低温でも葉が長持ちするため人気がある。枯渇が進んでいた山林資源もある程度は再生してきており、山仕事が生計を立てるための選択肢になりえるという。しかし、林業自体が「3Kが伴う、どうしても敬遠される」ということ、天候や季節に左右され安定性がないことが問題である。

Bは人々の「生活」に関する考え方の変化について、以下のように語った。

ここ一〇〇年ぐらい前か〔ら〕昭和にかけては生活の安定っていうのがどこでも山村集落でも、特にこの山村集落では生活の安定っていうのが一番重視されて、それに向けていろいろと工夫しながら生活をしていた。ところがだんだん電気がつき、そして道が付いて、世間の状況がよくわかるようになった。そうなると、どうしても生活の安定ももちろんそれをベースにして、次は生活の質の向上というところに、人々の考えというのが当然変わってきたんじゃないかな。

集落において、かつて住民はとにかく生計を立てるということを重視していたが、電気や道路のようなインフラが整備され、社会全体として都市的な生活様式が普及するなかで、たんに生計を立てるというだけでなく、さらなる「生活の質」の向上に目が向いた。そして、子どもの教育にもそうした影響は及んでいった。

私どもも和歌山（市）で二人子どもができて、子どもたちは皆、和歌山（市）の学校行ったりするでしょう。やっぱりその地に生活の基盤をつくってしまうんですよ。だから過疎化の要因としても、高学歴化というのが一つの大きな要因。大学行って、山仕事しに帰ってくるもんっちゅうのはまあない。その地に就職して、生活の基盤を築いてしまう。だから残ってるのはじいちゃん、ばあちゃんだけになる。

一九四六年の時点で高野町内には、小学校一一校、中学校八校、高校一校、大学一校があった。一九七〇年以降に小・中学校の統廃合が進み、現在は保育機関一園、小学校三校、中学校二校、高校一校、大学一校が存在する。町内の小学校を卒業しても、中学校・高校の選択肢が少ないために、町外の中学校・高校に進学する子どもも多く、高野町で生まれた者が、町内の教育機関で教育を受けつづけることが難しい状況がある。Bは「子どもが（地域外の学校に）行きたいって言ったら、それに大概の親は協力」しており、「高学歴化っていうのは歯止めがかからない」と述べた。

四-三　生者と死者の関係

集落から他出しても、他出者とその家族は定期的に帰省していた。Bによれば「近距離で生活されてる人が時々帰ってきて」おり、「大阪へ出ていった人は三カ月に一回とか、特に勤めて仕事持っておられる人は、半年に一回、一年に一回」くらいは帰ってくる。Y集落では、お盆の墓参りに関しては厳密といっていいほど、どの家でも継続していた。Cによれば、集落の墓地は一か所に固まっており、墓の状態（掃除や花、供え物など）を見ればどの家が帰省しているかは確認できる。そのため、来ていない家は「すぐにバレる」し、「お盆に帰ってこれないもんは、どっかブタ箱にでも入ってるんやろ」という冗談が飛び交ったという。空き家状態になっている家ですら、お盆前には墓参りに訪れており、先祖供養に関しては、強い社会的な規範が存在していた。

Bは和歌山市で働いているときから、お盆には必ず休暇を取って妻と共に帰省し、現在まで祖先祭祀を欠かしたことはない。Bはこうした慣習について、次のように語った。

個人的にいえば、子どもたちにはちゃんと習慣付けたいなと思ってるんですね。仮に僕らがおらなくなっても、墓参りだけはちゃんとやれよと。家に草を生やすようなことをするなよということ、言うつもりなんやけども。自分が亡くなってしまったらそれやってるかわからんから。

BはY集落に強い愛着を持ち、とくに集落の先人から引き継いできた自然こそが「財産」であり、この環境を次の世代へ残していきたいと考えていた。空き家についても、「何とかしたい」と考えているが、所有者の協力を得るのは簡単ではない。かつてであれば、墓参りのついでに家に泊まり、掃除や風通しをして帰るという者が多かったが、「見回りには来てるけども、もう中へ入らずに墓参りしてさっと帰る」という者も増え、ここ五年でも三軒の家が放置された状態であった。また、清掃や草刈のような地域の活動についても、集落から出れば参加しない者が増えてきた。

自然っちゅうのは、つくろうと思ってもつくれないのですよ。壊してしまったら元に戻らないんですよね。だから、やっぱりこれを維持していくことが一番われわれにとっては大事かな。この集落にはそれしかないんですよね。それともう一つは、ここに住んでいる人の人間性、伝統的な人に対して親切心を持った思いやりの心を持った人間性とかね。そういうものがあって、そしてここへ来たいよと〔いう〕人があったら、来てよかったなっていう気持ちになってくれる大きな要因になるんちゃうかなと。自分だけよかったらええわとか、ごみがいっぱい山にあってでも、もうどうっちゅうことないわ、われわれの生活に関係ないわっていう意識ではやっぱりあかん。それだけはあかんなと。だからできる範囲内で、自分たちにできることはやり、できないことは役場とかいろんな所に働き掛けて、この今の環境を維持していくということが一番大事かな。墓場なんかでも、ずっともう何百年も続いてきた墓場なんですけども、あれを維持していくっちゅうことはこれから大変なんですよ。急斜面ですから土が落ちてきてる、もう石垣積まなあかんなという所、そしたらイノシシが来て根っこ掘り返して、今まで草っぱらであった所がもう荒れ地になってる。そういう所もこれからどうしていくんか。イノシシの柵を作るのかっていうようなこともこれからの課題になってくるんですね。置いといてそのまま今までどおりで維持管理できるかっちゅうところもあれば、そうでないところもあるんでね。そういうことも含めて、これから見ていかなあかんなと。現状維持っちゅうのは非常に難しいんですよ。

五　現代の農村に住まうこと

現代の農村においては、都市化・産業化のような社会変動のなかで、否応なく人口減少と過疎化が進行している。高野町に限らず、戦後日本の農村においては、交通、産業、教育などの住宅を取り巻く社会的環境の変化のなかで、人々の生活空間が拡大した。その一方で、多くの住宅は人口減少やライフスタイルの変化が想定されておらず、居住ニーズとのミスマッチが生じた。かつて多世代で同居していた住宅に、高齢者が一人で暮らしている状況も珍しくない。このような状況のなかで、地域住民は増加する空き家というモノに「振り回され」ながら、空き家とそれを取り巻く環境の変化にどのように対応すればよいか悩むという、「まごつき」が見受けられるのである。

本事例の場合、Bはこうした現実を受け入れたうえで、自身ができることをやりながら、日々の生活を営んでいる。ここには、現実を受け入れることの難しさ、できることをやり続けることの難しさ、何よりも日常を生きることとの難しさがある。Bの語りからは、個人がコントロールできないものと向き合いつつ、それでもできることをやりながらどうにか日常生活を組み立てる農村の居住者の住まい方がみえてくる。
　そんな日常のなかで、Bは日々様々な発見があり、地域の課題への向き合い方について考えさせられることがあると語った。Bは、とりわけ人間関係の希薄化に対して危機感を持ち、「人が集まる機会」をつくることを心がけていた。例えばY集落には「秋祭り」「日待講《ひまちこう》」「年始の総会」といった行事があり、もともとこれらは集落内の集まりであったが、人が減ってからは親戚や集落外の人間も呼び、集まって食事や話をする場となった。それは、集落内で独居世帯の高齢者が孤立することを避けるためでもあった。

　集落で祭りをやって、祭りにはみんなできるだけ大勢、親戚の人も知り合いの人も呼んでここへ集めましょうよと。そのときには握り飯作って、豚汁作って、お昼をここ（体験交流施設）で食べてたんですよ。そしたら、おばちゃんがたが三日ぐらい前からパーマに行くようになったのですよ。人がやっぱり来るとなったら、高い金出して、町へパーマ。これってほんまによみがえるじゃないですか、人間がね。若返ろうと。皆さん、生き生きしてるんですよ。こういうことも大事やな、やっぱり人を一緒に、無理やりに村の行事やいうてでも集まってもらわなあかんなと……私も年寄りやけども、集落の人と一緒に生活し、話ししてたら、何か皆さんヒントをくれるんですよ。

　こうした集まりの意味について、Bは以下のように述べた。

その後に何が残ったかいうたら何も残らない。あのときはしんどかったなっていうぐらいで、残らなかったけどもリフレッシュは確実にできてると思う。無形のものが残っていってるんですよね。それがあるんとないのと、やっぱり日常生活の中で大きな違い。だから、人が来てくれるっちゅうことは老け込んでおられないな、お客さんが来てくれるっちゅうことは、普段の姿よりかちょっとましな格好したいっちゅうのは人間の心理じゃないですか。それこそが一番、生活の中で大事やと思うんやね。だから独居老人に何かの刺激を与えるっていうことの、一つの手段として考えられるんですよ。

筆者の調査から時間が経過したが、二〇二二年現在においても空き家対策に関する政策や研究の方向性は基本的には変わっておらず、空き家を「除却」あるいは「利活用」するという点のみが重視されている。とりわけ、農村においては空き家を「利活用」することで、地域振興を目指すことが喧伝される傾向がある。しかし、農村の居住者にとっての「空き家問題」は多様であり、たんに空き家を「除却」あるいは「利活用」すればよいという話ではない。住宅はそれを取り巻く社会的環境と密接に関係しており、地域住民は空き家というモノをきっかけに顕在化する地域社会の問題に向き合わなければならないのである。政策や研究が、空き家問題を「除却」「利活用」に焦点化することによって、こうした地域社会の問題は不可視化されてしまう恐れがある。それは、問題に向き合う人々の多様な実践を不可視化することにもつながる。

本章で示したように、空き家を抱える地域においては、試行錯誤しつつ、様々な可能性を模索している人々がいる。こうした実践がすぐに課題の解決につながるとは限らないが、「無形のもの」が残ることで人々の日常生活に何らかの刺激や変化、生きがいがもたらされることもあるかもしれない。われわれは、居住者が向き合う「現実」を理解し、その実践から学ぶことこそが重要なのではないだろうか。

【引用・参考文献】

芦田裕介、二〇一七a、「高野山周辺の空き家からみる人口維持システムの変容」『比較家族史研究』三一：七─二五
芦田裕介、二〇一七b、「戦後農村における地域社会の変容と家族主義──「空き家問題」を中心に」『三田社会学』二二：二一─三七
高野町史編纂委員会編、二〇一一、『高野町史　民俗編』
佐久間康富、二〇二一、「移住者受け入れによる住まいのつなぎ方──空き家再生と地域の受け入れ体制」筒井一伸編『田園回帰がひらく新しい都市農村関係──現場から理論まで』ナカニシヤ出版、一〇一─一〇九頁
佐久間康富・筒井一伸・嵩和雄・遊佐敏彦、二〇一七、「農村の空き家再生に地域社会が果たす役割に関する研究」『住総研 研究論文集』四三：一〇三─一一四
佐藤英人、二〇一九、「日本における空き家の概況と先行研究の動向」高崎経済大学地域科学研究所編『空き家問題の背景と対策─未利用不動産の有効活用』日本経済評論社、一─二〇頁
総務省、二〇一九、『平成三〇年 住宅・土地統計調査』〈https://www.stat.go.jp/data/jyutaku/2018/tyousake.html（最終確認日：二〇二二年一月二五日）〉
山本幸子、二〇一三、「農村地域における定住促進のための空き家活用制度」『都市住宅学』八〇：一七─二〇

第三章
観光・レクリエーション利用者
「招かれざる客」はいかに生まれてくるか

北島義和

水上バイク愛好者で賑わう屈斜路湖周辺（筆者撮影）。彼らの動きは「静かな湖畔」を求める人々にとって厄介な状況を生み出してきた。ただ、本文でも記述しているように、湖への動力船の乗り入れ規制によって現在ではこのような光景は見られなくなった。本章はこの「課題解決」に反対するものでは全くないが、他方でこの種の処置は観光・レクリエーションをめぐるいくつかの事実や事象をみえにくくするだろうとも考えている。観光・レクリエーション利用者を、地域を活性化してくれる救世主や地域に災いをもたらす疫病神として捉えるのとは異なった、別の認識回路もあるはずだ。

一　はじめに：ある湖の風景から

二〇二〇年七月のとある週末、暑い夏の日差しが降りそそぐなかで、私は北海道東部の著名な観光地のひとつ、屈斜路湖《くっしゃろ》の湖畔を歩いていた。面積七九・三平方キロメートル、日本の湖沼としては六番目の大きさを持つとされる湖の上では、何艇もの水上バイクがエンジン音を響かせながら疾走しており、釣りをしている様子のモーターボートもちらほら見受けられる。湖岸に設置されているキャンプ場では、家族連れなどがテントを張って休日を楽しんでおり、そこから湖に向かってカヌーを漕ぎ出そうとしている人たちもいる。新型コロナウイルスの蔓延、いわゆる「コロナ禍」のなかで迎える最初の夏だったが、屈斜路湖の湖畔はそれなりに賑わっているように思えた。地元自治体である川上郡弟子屈《てしかが》町の役場で聞いてみると、道外など遠方からの観光客は激減したが、釧路や北見などの近郊から湖周辺へレクリエーションにやってくる人々はそれほど減っていないようだ。ただ、そういった近郊からの人々は宿泊を伴うような利用をあまりしないため、ホテルやペンションなどの宿泊業はコロナ禍の打撃を被っているらしい。

屈斜路湖の湖畔に位置する地元地区、屈斜路地区で自治会長を務めているA氏にも話を聞いた。A氏によれば、運動会や敬老会などの地区行事はほとんど中止になったという。地区内には屈斜路湖周辺の風光明媚さに魅かれて移住してきたペンション経営者やカヌーガイドなどが住んでおり、これまで地区の行事運営において大きな戦力となってきたが、彼らは現在コロナ禍のなかで観光客に対応しているため、「万一のことがあるといけないから」と地区行事への参加を自粛しているとのことだ。「どこから（ウイルスを）持ってくるかわかんないしさ。人の出入りこれだけしているんだし、どこでどう接触しているかなんてね」と、A氏は残念そうに話す。ただ、屈斜路地区そして弟子屈町において観光業と並ぶもう一つの基幹産業であり、A氏自身の仕事でもある農業は、コロナ禍の影響をそれほど受けていないという。というのも、この地区の農業経営は畑作あるいは酪農が中心だが、ほとんどの農産物は観光客向けでなく加工用として工場へと出荷されているためであった。

ところで、この屈斜路湖周辺を主要な事例として取り上げる本章のテーマは、新型コロナウイルスではない。本章で主に論じることになるのは、コロナ禍のなかでウイルスの主要な運び手の一つと見なされ、ときに忌避の対象ともなった「観光・レクリエーションを行う人々[1]（以下、観光・レクリエーション利用者）」である。さらにいうと、本章で主に描かれるのは、コロナ禍における農村の状況でもない。むしろ、それ以前の時期についての記述が大半を占めるだろう。しかし、それはコロナ禍と無関係の話でもない。なぜなら、本章の議論の中心にあるのは、新型コロナウイルスの感染拡大が始まる前から存在していて、コロナ禍において顕在化した、観光・レクリエーションという現象がはらんでいる性質だからだ。よくある言い方をすれば、それは「コロナ前から抱えていた問題」なのである。そして、本章執筆時点ではコロナ後の世界がいかなるものになるかは未だ見通せないものの、おそらく観光・レクリエーション利用者は今後も世界に多数存在し続けることになるだろう。したがって、以降で展開する議論はコロナ後の農村においても、少なからず当てはまりうると考えている。

［1］本章では、観光を「楽しみを伴う異境体験」、レクリエーションを「楽しみを伴う気晴らし体験」と捉えている。ただ、両者の境界はそれほどはっきりとしたものではないため、このような表記を用いる。

二　観光・レクリエーションと農村：活性化の切り札？

農村あるいはより広く地方と呼ばれる地域の「活性化」の手段として、観光の振興が叫ばれるようになって久しい。コロナ禍以前はもちろんのこと、コロナ禍の只中にある本章執筆時でさえ、筆者の勤務先の学生に地域の活性化に関わる課題を与えると、少なくない数の学生が観光について取り上げてくる。人口の減少や産業の停滞といった地域の「課題」に対して、外からヒトやカネを呼び込む観光という手段は、事程左様に「テンプレ」の「解決策」となっている。

特に農村と呼ばれる地域に関していえば、日本社会においてこれらの地域が観光・レクリエーションのための空間として政策的に認識されるようになったのは、一九七〇年代頃のことである（松村二〇〇一）。例えば一九七三年に、経済企画庁調整局の求めに応じるかたちで、「農林漁業の第三次産業化に関する調査研究会」は、農村を食料の安定的な供給の場であると同時に、都市住民の余暇・レクリエーション活動に供する空間としても位置づける「緑の空間計画」を提唱した。また、同時期には「青少年旅行村」や「自然休養村」といった観光・レクリエーション施設の整備も農村で進められていった。

その後、一九八〇年代に入ると全国的なリゾート開発の波が訪れる。一九八七年には「良好な自然条件を有する」地域に滞在してスポーツやレクリエーションを行うための大型施設の建設を促進する「総合保養地域整備法」（通称リゾート法）が施行され、民間の大手資本によるスキー場やゴルフ場などの大規模開発が農村で進んだ。しかしこの時期のリゾート開発は、しばしば地元の社会・経済構造とは乖離したものであり、その利益の多くも域外へ流出した。そのため、これらのリゾート開発は地域経済の振興には必ずしもつながらず、その後のバブル経済の崩壊に伴って多くが頓挫することになった。

他方で、一九九〇年代に入るとこのような外部資本による大規模開発とは方向性の異なる観光・レクリエーション政策も農村で展開されるようになる。その代表が、農林水産省の政策であるグリーン・ツーリズム事業である（青木 二〇〇四）。この「グリーン・ツーリズム」とは、西欧の長期滞在型の農村ツーリズムをモデルに作られた概念であり、一九九二年に農林水産省が発表した「新しい食料・農業・農村政策の方向」では、「緑豊かな農村地域において、その自然・文化・人びととの交流を楽しむ、滞在型の余暇活動」と定義された。しかしその後は、農村での滞在よりも農村住民と都市住民の交流に重きを置き、個人ベースよりも地域ぐるみで取り組まれるという、日本独自の展開がなされてきた。

以上のように、日本社会では二〇世紀の終わりごろから農村が観光・レクリエーションの対象地として位置づけられ、しばしばそれは農業の不振や過疎・高齢化といった課題に悩む地域を活性化するための方策の一部ともなってきた。なお、このように社会において農業生産以外の観点から農村に対する需要が形成され、この需要に応じて農村が再構築され、消費されるという現象は、「生産主義からポスト生産主義への移行」と呼ばれており、日本のみならず先進各国の間で広く見られる。立川雅司によれば、このように農村を消費の対象として見る「まなざし」が日本社会において広く形成されるようになったのは一九九〇年代のことであるという（立川 二〇〇五）。この時期以降、各種メディアにおいて田舎暮らしやガーデニング、アウトドア関連の情報が隆盛するようになり、政策的にも一九九三年のＧＡＴＴウルグアイラウンド交渉によって、農業が生産という単一の機能だけに限定されないことが社会的に再認識され、体験農業、農家民宿、別荘、クラインガルデン、直売所などが全国的に広がっていった。

しかし、立川も述べているように、このようなポスト生産主義への移行による農村空間の再編は、農村外のステークホルダーも含めた多様な主体・利害が関係しながら、個別的・断片的に進行していくため、結果として農村空間の「モザイク化」が進展していくことになる。その意味では、日本の農村において生産主義は決して過去のものになったわけではなく、むしろ「生産主義とポスト生産主義とは時間的にも空間的にも併存するもの」であり、「ポスト生産主義への移行は、生産主義とはまた異なった新たな問題、新たな勝者・敗者を生み出すものと考えるべき」なのである。

そして、このように生産主義とポスト生産主義が重なり合うかたちで展開されている典型的な地域が、本章で中心的に扱う北海道である。道発行の『北海道データブック2021』[2]によれば、二〇一九年における北海道の農業産出額は一兆二、五五八億円と全国の一四・〇パーセントを占め、小麦、大豆、馬鈴薯、ビートなどの畑作物や、たまねぎ、かぼちゃ、スイートコーンなどの野菜、生乳や牛肉など数多くの農畜産物が全国第一位の生産量を誇っており、日本最大の食料供給地域として機能している。また、二〇二〇年の農家一戸あたりの耕地面積は三〇・二ヘクタールと都府県平均の一三・七倍であり、主業農家率も七一・七パーセントと都府県平均の二〇・八パーセントを大きく上回っており、兼業で零細的な農家の多い都府県とは異なって、北海道では専業的な農家による大規模で生産性の高い農業経営が展開されている。これらのデータからわかるように、北海道の農村においては生産主義的なモーメントは現在も顕著である。

他方で、観光・レクリエーションという側面においても北海道は日本有数の地域である。例えば、コロナ禍前の二〇一八年度における北海道の観光入込客数は五、五二〇万人（うち道外客六〇七万人、外国人三一二万人）であり、これは全国のなかでも上位の部類に入る（北海道経済部観光局二〇一九）。そして、日本交通公社が発行している『旅行年報２０２０』によれば、二〇一九年に北海道を旅行先に選んだ日本人が現地で楽しんだ活動（複数回答可）としては、「自然や景勝地の訪問」が最多の五六・三パーセントであり、これは全国平均の三九・五パーセントを大きく上回る（日本交通公社二〇二〇）。この「自然や景勝地」には農村が多く含まれると想定できるため、北海道の農村においてはポスト生産主義的なモーメントもまた顕著であるといってよいだろう。ただ、このポスト生産主義的な方向性には散らばりもみられる。例えば先ほどの『旅行年報２０２０』では、北海道では「自然や景勝地の訪問」のほか、農村関連では「アウトドア体験（カヌー、乗馬体験、気球など）」「野生動物観察（クジラ、鳥など）」「現地グルメ・名物料理」などが全国平均を上回っており、「登山・トレッキング」「海水浴・マリンスポーツ」「果物狩り、農林漁業体験」などは全国平均を下回っている。

以上のような北海道における生産主義とポスト生産主義の併存、あるいはポスト生産主義の多様な方向性は、時として互いの衝突を引き起こすこともある。今世紀に入ってからの政府による「観光立国」を目指した諸政策によって、コロナ禍に見舞われる以前までは海外からの観光客が増加傾向にあり、そのような状況も背景として二〇一〇年代から一部の観光地ではオーバーツーリズム[3]の問題が指摘される

［2］ https://www.pref.hokkaido.lg.jp/ss/tkk/databook/70731.html（最終確認日：二〇二二年十月九日）
［3］ オーバーツーリズムという概念には様々な定義が存在しているが、例えば国連世界観光機関（UNWTO）の報告書では、「観光地やその観光地に暮らす住民の生活の質、および／あるいは訪れる旅行者の体験の質に対して、観光が過度に与えるネガティブな影響」と定義されている（UNWTO 2018）。

ようになったことは記憶に新しい（高坂 二〇二〇）。ただ、これまでオーバーツーリズムの問題はバルセロナや京都といった都市観光の文脈で主に論じられてきたが、北海道のいくつかの農村でも、そこを訪れる観光・レクリエーション利用者の増加に伴う軋轢が（しばしばオーバーツーリズムが社会問題化する以前から）発生してきた。次節では、そのような事例をいくつか紹介しよう。

三　観光・レクリエーションをめぐる軋轢：北海道の事例から

三-一　酪農地帯での軋轢

一つ目の事例は、北海道標津《しべつ》郡中標津《なかしべつ》町の酪農地帯である。中標津町は酪農を中心とした農業が基幹産業の一つとなっており、町内には約二、三〇〇〇ヘクタールもの牧草地が広がっている。そして、この中標津町には町内の中標津空港から隣接する弟子屈町のJR美留和《びるわ》駅までを結ぶ、「北根室ランチウェイ」という名の全長七一・四キロメートルのロングトレイル[4]が近年まで存在していた。このトレイルは、地元の酪農家B氏を中心とした有志数名によって設置されたものであり、二〇〇五年からルート探査が始められ、二〇一一年に全線が開通した。トレイルの設置に当たってB氏らは二〇〇六年に整備団体を結成し、草刈りや道標の設置を行うとともに、マップ作りやホームページの作成なども行った。また、当初のトレイルルートは、舗装された公道だけでなく林道や農道、時には牧草地や牧場敷地内も通るものであったため、町有地や国有林などに関しては利用のための許可手続きを行い、牧場などの私有地に関してはB氏が中心となって地元の酪農家たちから利用許可を得た。

その後二〇一〇年代半ば頃になると、雄大な自然と牧場の只中を歩けるという珍しさが注目され、北根室ランチウェイは新聞やテレビなどの多くのメディアに取り上げられるようになった。その結果、多数の人々がこのトレイルを歩きに来るようになり、二〇一六年からは地元住民、とりわけ当初北根室ランチウェイの設置に協力的だった酪農家の一部から、そのような観光・レクリエーション利用者をめぐって中標津町役場に要望が寄せられるようになった。具体的には彼らは、トレイルを歩きに来た人が無断で牛舎内に入ったり、畑への取り付け道路に車を停めたりすることについて不快感を持っており、特に前者は、家畜の伝染病を媒介するかもしれないという不安も生み出していた。また、地権者の許可のないままイベントが行われていることや、何らかの事故が起きたときの責任や対応の所在が明確でないことについても、彼らは懸念を抱いていた。

このような酪農家の懸念に対してB氏らは、二〇一八年にトレイルのルートを大幅に変更し、私有地を極力避けて公道や公有地を通るかたちにすることで対処しようとした。しかし、特に公道に関しては農繁期に大型の農業機械が頻繁に通行するため、そこでもトレイルを歩く人々の存在が農家にとって障害となるなど、軋轢の解消にはつながらなかった。また同じ時期には、町役場や観光協会なども交えた関係者によって、北根室ランチウェイの今後について話し合う協議会が作られたが、先述のような農家

［4］日本ロングトレイル協会のウェブサイトでは、ロングトレイルとは「「歩く旅」を楽しむために造られた道」のことであり、「登頂を目的とする登山とは異なり、登山道やハイキング道、自然散策路、里山のあぜ道、ときには車道などを歩きながら、その地域の自然や歴史、文化に触れることができる」と述べられている〈https://longtrail.jp/syui.html（最終確認日：二〇二三年四月十三日）〉。

との問題を完全には解決できないまま、そしてこれまでほぼ手弁当でトレイルの整備を行ってきたB氏らの後継となるような管理組織を整えきれないまま、二〇二〇年四月に新型コロナウイルスの感染拡大に伴って北根室ランチウェイは当面閉鎖されることになった。そして同年十月には、B氏によって北根室ランチウェイの全面閉鎖、すなわち終了が宣言されたのである。ただ、北根室ランチウェイで利用された公道や林道自体は以前と同様に存在しているため、私有地でない限りは今後もそこを歩きに来る人を止めることができるわけではない。

三-二　畑作地帯での軋轢

二つ目の事例は、北海道上川郡美瑛《びえい》町の畑作地帯である。美瑛町も農業を基幹産業の一つとしており、波状の丘陵部では馬鈴薯・小麦・大豆・ビートの四種を中心とした畑作や酪農が行われ、沢筋や平地では稲作が行われてきた。特に前者の丘陵部では、輪作によって「パッチワークの丘」とも呼ばれる独特の景観が作り出されており、一九七〇年代から八〇年代にかけてこの農業景観が、写真家の前田真三氏の作品、自動車のテレビコマーシャル、十勝岳の噴火に伴うメディア取材などで取り上げられたため、観光・レクリエーション利用者が多く訪れるようになった。そして一九九〇年代になると、この景観を写真に撮ろうとする人々による畑への侵入や車の乗り入れ、ゴミのポイ捨てなどをめぐり、一部の農家から苦情が上がるようになった。特に畑への立ち入りについては、中標津町の事例と同様に、作物の害となる菌や虫を運び入れてしまう心配もあった。これに対して、美瑛町の観光協会は農地への立ち入り禁止看板の設置や駐車場の設置、ボランティアによる見回りなどを行った。

その後、美瑛町の入込客数は二〇〇〇年にいったんピークを迎え、二〇〇〇年代は横ばい、もしくは減少傾向となった。しかし、二〇一〇年に町内にある「青い池」がPCの壁紙として採用されたことをきっかけに、東アジアを中心とした海外からの観光客が増え、入込客数も再び大きく伸びていった。このため、観光・レクリエーション利用者による写真撮影・駐車・自転車走行などをめぐって農家との軋轢が激しくなり、二〇一六年には「哲学の木」と呼ばれ、写真の撮影スポットになっていたポプラの木を、それが生えている畑の所有者が（老木で倒壊の恐れもあったことから）伐採するという出来事も生じた。

このような事態に際して、美瑛町では関係者が様々な対策に乗り出した。例えば観光協会では、二〇一七年にパトロールランプのついた車で観光スポットをほぼ毎日巡回する「観光パトロール」を始めた。また、二〇一二年に町内の業界団体によって設立された「丘のまちびえい活性化協会」は、二〇一八年に地域DMO（観光地域づくり推進法人）となり、農業と観光業の共存を目指す取組を始めていった。具体的には、農家と提携した収穫体験プログラムや、農家の許可を取って畑を歩かせてもらう「畑DEフットパス」というプログラムを用意したり、認定ガイドの養成に着手したりしている。またこれと並行して、観光や撮影マナーについて記した冊子を多言語で作成・配布するとともに、マナー違反の観光・レクリエーション利用者を目撃したらその写真や映像を送ってもらう「美瑛観光ルールマナー一一〇番」も設置した。さらに二〇一九年には、町内の若手農家数名による企画も始まった。これは「畑看板プロジェクト」と呼ばれるもので、観光スポットの農地脇に所有者の名前を記した看板を立て、そこにQRコードを掲示することで、農家の思いを伝える動画や、景観保存の寄付金募集のサイト、農家運営の農作物のショッピングサイトなどにつながるというシステムである。ただ、こうした各種取組は本章執筆時点では端緒に就いたばかりであり、コロナ禍もあってその効果はまだ明らかでない。また、結局のところ観光・レクリエーション利用者の完全な制御は困難であるため、何らかのかたちで農家に金銭が回るシステムの構築がまずは目指されているようだ。

三-三　リゾート地での軋轢

最後の事例は、一節でも描写した弟子屈町の屈斜路湖周辺である。[5] 弟子屈町でも農業は基幹産業の一つであり、地元地区である屈斜路地区では馬鈴薯・ビート・小麦の三種を中心とした畑作、あるいは酪農が営まれている。他方で、屈斜路湖は豊かな自然に囲まれた日本最大のカルデラ湖であり、火山地帯のため湖畔の複数の場所では温泉も湧出している。これらの風光明媚さにより、屈斜路湖周辺には戦前から観光・レクリエーション利用者が訪れており、一九三四年には全域が阿寒《あかん》国立公園（現・阿寒摩周《あかんましゅう》国立公園）の一部となった。そして、一九六〇年代には湖畔に設置されたキャンプ場がキャンパーで賑わい、一九七〇年代から八〇年代にかけては屈斜路湖やそこから流れ出る釧路川で様々な水上レクリエーションが行われるようになった。具体的には、水上スキー、ヨット、水上バイク、カヌーなどの愛好者が屈斜路湖周辺を訪れるようになり、特にカヌーは地元のアウトドア観光の中心を占めるようになった。また、屈斜路湖では一九三八年の地震の影響による湖水の酸性化のため長らく魚が棲んでいなかったが、年月とともに湖の中性化が進み、町役場による稚魚放流もあって魚影が戻り、一九九〇年代には釣り愛好者が訪れるようになった。そして一節で述べたように、一九九〇年代以降は屈斜路地区に移住してカヌーガイドやペンションなどを営む人々が増加し、地区内四か所には別荘地も造成された。

他方で一九九〇年代以降、屈斜路湖では水上バイクの利用が増え、その危険走行や違法改造による騒音などが問題視されるようになった。特に水上スキー、ヨット、カヌー、釣りといった水上レクリエーション利用者にとっては、小回りの利く水上バイクが近くを走ることや、それが発するエンジン音は、自らの楽しみや活動を妨げるものであった。このような事態に対して、関連行政機関、各種水上レクリエーション団体、観光関係者、地元自治会などで構成される「屈斜路湖適正利用連絡協議会」では、一九九〇年代後半から二〇一〇年代後半にかけて、水上バイクやモーターボートといった動力船の航行自粛水域を段階的に設定・拡大し、利用者にその自主ルールの順守を呼びかけてきた。しかし、湖の巨大さや水上バイクの機動性の高さのため、協議会構成員の少ないリソースではそのようなルールを徹底させることは難しかった。

これに加えて、二〇一〇年代頃からは屈斜路湖周辺を利用する釣り愛好者が増加し、これをめぐっても軋轢が生じた。一つは、湖に流入する小河川の河口付近で釣りを行う人々の問題である。これらの人々が湖岸にアプローチする際には、湖に向かって伸びるいくつもの細い農道や私道が使われる。そして、しばしば彼らはそのような場所に車を停めたまま湖へ出ていってしまう。もう一つは、モーターボートを用いて沖合で釣りを行う人々の問題である。彼らは湖畔にある「屈斜路ウォータースポーツ交流公園」から船を出すが、この公園の入口は近隣住民への配慮のため朝八時からしか開かない。しかし、魚が釣れやすいのは早朝なので、できるだけ早く船を出そうと、大きなモーターボートを牽引した釣り

［5］屈斜路湖周辺の状況についてのより詳細な記述は、北島（二〇二一）を参照せよ。

愛好者たちの車が、入口が開く前から公園前の道路に並ぶ。これら二種類の釣り愛好者の駐車は、いずれも屈斜路地区の農家にとって農業機械の走行の妨げとなってきた。だが、上述の歴史的経緯により屈斜路湖には漁業組合や漁業権が存在しないため、釣り愛好者の利用の制限は困難であった。

しかし二〇二〇年八月、屈斜路湖適正利用連絡協議会にて弟子屈町長が、これまで設定してきた自粛水域などが依然守られていないとして、自主ルール制をあきらめ、屈斜路湖への動力船乗り入れの原則禁止を目指した法的手続きに入る方針を示した。そして二〇二一年十月からは、許可を受けていない動力船を屈斜路湖で航行した場合は、法的な罰則が科せられることになった。本章執筆時点ではこの施策によって今後の湖水利用がどうなっていくのかはまだ定かでない。ただ、これまで商業用に動力船を使用してきた人々をどこまで許可するかといった問題が、引き続き存在しているようである。

以上の三つの事例は、いずれも北海道の農村で観光・レクリエーションをめぐって生じてきた軋轢である。そして、その背景には二節で述べたような北海道における生産主義とポスト生産主義の併存、あるいはポスト生産主義の多様な方向性が存在している。そのことをより明瞭に把握するためにも、次節ではこのような軋轢が地域に住まう人々にどのようなかたちで立ち現れてきたのかを描くことにしよう。ここで事例となるのは、上述の屈斜路湖周辺における農家とカヌーガイドである。

四　観光・レクリエーションをめぐる経験：屈斜路湖周辺の事例から

四-一　農家の経験

屈斜路地区の農家の多くは、二〇世紀初頭から戦後にかけて複数回にわたって行われた、本州や四国などからの集団入植がルーツとなっている。入植当初、農家一戸当たりの経営面積は五ヘクタールだったが、一九五〇年代後半から国や道の補助を受けた土地改良事業が進み、経営面積は一〇ヘクタール程度まで拡大した。その結果、畜力では農作業が追い付かなくなり、トラクターの導入が進んだ。また、一九六〇年代から七〇年代にかけては、耕起のためのプラオ、植え付けのためのプランター、農薬噴霧のためのスプレイヤー、収穫のためのハーベスターといった各種作業機も普及した。

しかし、このような機械化の費用を捻出できない農家も多く、一九七〇年代頃から屈斜路地区では離農が進んでいった。そして残った農家は、農業機械の購入・更新費用を回収するため、離農した農家の土地を賃借・購入し、経営面積を拡大させていった。その結果、現在では経営面積が五〇ヘクタールを超す農家がほとんどである。これに加えて、拡大した経営面積に対応するため、さらに大型の農業機械が必要となっていった。そのため、例えば導入当初のトラクターは四〇馬力だったが、現在では一〇〇馬力以上が普通となっている。また、トラクターの後ろに取り付ける作業機も、現在では四畦分もの幅がある。さらに、上述のような賃借・購入に伴って、当初は自宅付近に固まっていた農地は、次第に地区内全域に散らばるようになった。そのため農家は、四月下旬から十一月下旬までの農繁期には、各種の農作業のため自宅から作業機を取り付けたトラクターに乗り、地区内のほとんどの道路を使って各農地へ「通勤」するようになった。

他方で、三節でも述べたように一九六〇年代以降、屈斜路湖周辺にはキャンパーや水上レクリエーション利用者などが訪れるようになっていった。しかし、先述のように年を追うごとに農業機械はますます大型化し、同時にそれがますます地区内全域を走行するようになっていったため、屈斜路地区の農家は、特に夏季に農業機械を運転する際には、周囲の人や車に気を遣わねばならなくなった。例えば現在彼らは、交通量の多い道路ではサイドライン側に寄って走行し、右折や左折の際には二〇〇メートルほど前からいったんセンターライン側に寄って、後続の車やバイクに「曲がるぞ」との意思表示をおこなっている。ただ、三節で述べたような釣り愛好者の駐車車両の場合、そのような現場での対処が難しい。そのため農家は、細い道路などに駐車禁止の看板を建ててきたが、それはしばしば無視されたり、他の場所に駐車されていたちごっこになったりしている。これについて自治会長で農家のA氏は、「機械が大きいから何かあっても困るしさ、事故とかぶつけたとか言われたら。まあ、ぶつけるって、「お前が停めておくから」ってことなんだけど……」と語る。

また、一節で述べたように、屈斜路地区の農家はこれまで主に工場向けの農産物を作ってきた。平成期には野菜の直売所などを試みた農家も何戸かあったが、先述のように経営規模が大きいため、そちらに割ける人手がなければ継続は難しかった。また、そもそものような観光客向けの事業は、農業と観光業を結び付けようとする行政の意向で着手されたケースも少なくない。例えば、ある農家はかつて観光用のイモ掘り体験を数年行ったが、それは「そういうことやってくれないかって話が（北海道）支庁から農協に来て、うちに来た」ためであった。以上のような状況について、屈斜路地区で七〇年にわたって農業を行ってきたC氏は、「なかなか観光とは利害が一致しないよね。観光で金儲けさせてもらっていれば有難みはわかるんだけど、それがないからね」と話す。ただ、一節でも述べたが、このように課題とされてきた農業と観光業の結び付きの薄さが、皮肉にもコロナ禍においては功を奏したのであった。

四-二　カヌーガイドの経験

屈斜路湖周辺のカヌー利用は、一九八〇年代後半に始まった。当初は道内外から来た人々が釧路川の源流部を下ったりしていたが、一九八八年には弟子屈町内の人々によってカヌークラブが結成された。また、このクラブのメンバーが中心となって、一九九一年にカヌーツアー会社も立ち上げられた。そして一九九〇年代には、道内外から屈斜路地区に移住して同様のカヌーツアー事業を始める人も出始め、そこで雇われた人々がやがて独立していくかたちで、カヌーガイドの数が増えていった。

これらのカヌーガイドたちの多くにとって、釧路川や屈斜路湖でのカヌーは仕事であるだけでなく、自らのレクリエーションでもある。彼らはカヌーに乗っているときの、視界に入る風景、静けさ、のんびりした雰囲気などに魅力を感じてきた。例えば、上述のカヌークラブの設立メンバーであった町内在住のD氏は、「小学生の頃は（屈斜路湖に行って）「モーターボートだ、わーい！」なんてやってた。でも、やっぱりカヌーとか、音のない世界を知っちゃうとね」と語る。移住カヌーガイドたちの多くも、このような屈斜路湖周辺の魅力に引きつけられてきた。その一人で二〇〇〇年代に屈斜路地区に移住したE氏は、「ここはカヌーガイドが暮らせる土地です。虫と一緒です、地域がよければ暮らせる」と話す。

それゆえこれらのカヌーガイドは、一九九〇年代以降に増加した水上バイクに対して苦々しい思いを抱いてきた。例えば上述のD氏は「モーターボートはそんなに忙しくないから良いけど、こんなうるさくなったのは水上バイクが流行ってからだよ」と語る。水上バイク利用の増加後に移住したカヌーガイドも、大きなエンジン音を出す水上バイクは彼らの考える「本来の屈斜路湖」にはふさわしくないと捉えている。例えばE氏は、「(水上バイクは)ここでやらなくちゃいけないことかな。ここは国立公園内であり、海外の方とかゆっくりされる方もいるし」と話す。

また、カヌーガイドたちは水上バイクの走行にも懸念を抱いており、航行自粛水域などの自主ルールはきちんと守られていないと感じてきた。例えばカヌーガイドのF氏は、「ああいう人たちって、カヌー出したらブーンって近づいてきたりする。そういう波が来るので、その波を避けるぐらいしかこっちはできない」と話す。さらに、カヌーガイドをはじめとする他の水上レクリエーション利用者から、水上バイク愛好者はしばしば「ガラの悪いあんちゃん」と捉えられている。そのため、彼らは水上バイク愛好者に近づくことが少なく、また実際に自主ルールに関する注意を与えてもあまり効果がないと考えられてきた。これについてE氏は、「(水上バイク愛好者は)勝手気ままだし、ルール守らないし、品行方正な人を見たことがない。タバコ吸って音楽ガンガン流してさ、もう全然人種が違うもん」と話す。

他方で、カヌーガイドの間でも利用をめぐる軋轢は存在する。初期のカヌーガイドは「愛好者」の側面が強かったが、次第に経済的な利益も重視するガイドが増えていったという。そして近年では町外からやって来るカヌーガイドもおり、これまで存在していたカヌー利用に関する暗黙の了解が通用しなくなってきている。これについてF氏は「古くからいるガイドは、他のカヌーが来たら、じゃあちょっと行くねって、一箇所に長い時間滞在しない。きれいな藻があるところは、なるべくパドルは使わない。そういうのは言わなくてもわかったけど、今はそこらへんの違いが出てきちゃって……」と語る。そのため、弟子屈町内のカヌーガイドの間では、共通の利用ルールを明文化し、さらにそれを町外から来る人々にも知らせようという動きが生まれている。

五　おわりに：「うまいやり方」を越えて

本章で紹介した北海道の農村における観光・レクリエーションをめぐる軋轢は、いずれも生産主義とポスト生産主義の併存、あるいはポスト生産主義の多様な方向性という歴史的・構造的文脈から生じてきたものだ。そしてその文脈のなかで、例えば屈斜路湖周辺では、一部の釣り愛好者や水上バイク愛好者の動きが、農家やカヌーガイドなどにとって居心地の悪い状況を生み出していったのである。この意味において、政策的あるいは一般的に考えられているほど、観光・レクリエーションと農村の間の関係性はポジティブなものではないし、観光・レクリエーションが必ずしも地域の抱える課題の解決策として機能するわけでもない。

もちろん、これに対してはいくつかの反論もあろう。例えば、「観光・レクリエーション利用者は、野生動物などと違って同じ人間なのだから、しっかり話し合えばよいではないか」と考えるかもしれない。しかし、これまでの事例からもわかるように、実際の現場においてそのような対話の試みは必ずしもうまくいくわけではない。例えば、相手と物理的に会えなかったり、相手にこちらの言い分が届かなかったりすることもある。あるいは、「対話をせずとも、観光・レクリエーション利用者の動きを制御するような、何らかのシステムを作ればよいではないか」と考えるかもしれない。しかし、これも事例からわかるように、実際の現場においてそのようなシステムの構築は必ずしもうまくいくわけではない。例えば、環境の物理的な大きさや人的・財政的な資源不足などのため、システムが作れなかったり、作ったシステムがうまく作動しなかったりすることもある。

コロナ禍であろうとなかろうと、観光・レクリエーションという現象は、本質的に不特定多数の「人流」を生み出すものだ。そのため、自ら望んだにせよ望まなかったにせよ、その渦に巻き込まれた地域は、不特定多数の来訪者を含みながら生活を形成していくことになる。そして、そのような不特定多数の人流は、特定の歴史的・構造的文脈のなかで、特定の人々にとって厄介な状況をもたらす——言い換えれば「招かれざる客」を生む——可能性を常にはらんでいるが、それに対しては何らかの対策を施せることもあれば、施せないこともある。だとすれば、うまく対話をしたりシステムを作ったりしようとすることだけが、観光・レクリエーションをめぐる向き合い方ではないかもしれない。例えば、コロナ禍でも釣り愛好者があまり減らなかった屈斜路湖周辺で、A氏は筆者にぽつりと以下のように語った。

まあ、釣りする人、車停めるとこ、ないっちゃないのかもしんねえけど。それじゃなかったら、どっか歩いてくるったってなあと思って……わかるにはわかるんだよ。

これは、対話自体は不可能であっても、「気持ちはわかる」という論理に基づきながら、観光・レクリエーション利用者と付き合っていくというやり方である。私たちは相手が人間であれば「話せばわかるはず」というような対話の夢を持ってしまうのかもしれないが、このA氏のやり方はそのような相手との対話を生み出すわけではない。しかし他方で、A氏は相手を完全に否定・排除するわけでもない。自らの生活が揺るがされる事態に苦虫をかみつぶしながらも、彼は相手に思いをめぐらせ、「わかる」ものを見出すことで、相手の存在を許容する隙間を生み出している。

このA氏のやり方はほんの一例に過ぎないが、観光・レクリエーションをめぐる研究においては、対話やシステムのような、地域の活性化につながるとされる「うまいやり方」だけでなく、このような時にため息交じりの様々な実践も、私たちは丁寧に拾っていく必要があるだろう。なぜなら、たとえ対話やシステムが不在あるいは不全であっても——言い換えればたとえ活性化につながっていなくても、人々がそこで生活を送っているという事実があるのだから。

【引用・参考文献】

青木辰司、二〇〇四、『グリーン・ツーリズム実践の社会学』丸善株式会社
北島義和、二〇二一、「いくつもの「移動に住まうこと」から問う場所——北海道屈斜路湖周辺の観光・レクリエーションを事例として」『年報村落社会研究』五七：一三一－一七五
高坂晶子、二〇二〇、『オーバーツーリズム——観光に消費されないまちのつくり方』学芸出版社
立川雅司、二〇〇五、「ポスト生産主義への移行と農村に対する「まなざし」の変容」『年報村落社会研究』四一：七－四一
日本交通公社、二〇二〇、『旅行年報２０２０』
北海道経済部観光局、二〇一九、『北海道観光入込客数調査報告書　平成30年度（２０１８年度）』北海道経済部観光局観光政策グループ

松村和則、二〇〇一、「レジャー開発と地域再生への模索」鳥越皓之編『講座環境社会学第3巻　自然環境と環境文化』有斐閣、二一七-二四一頁

UNWTO. 2018. 'Overtourism'?: Understanding and Managing Urban Tourism Growth beyond Perceptions, World Tourism Organization.

第四章 移住者

パッケージ化される農村移住

佐藤真弓

移住者が暮らす古民家（筆者撮影、一部加工あり）。古民家は、移住者の生活拠点であり、理想的な田舎暮らしの象徴でもある。古民家は、時に、地元農産物を使った彩り豊かな料理を提供する古民家カフェ、旅行者が滞在するゲストハウス、各種愛好家が集う語らいの場と化す。こうした活動に取り組む移住者の姿は、「あるべき移住者」としてしばしばメディアに取り上げられる。それは、現在国が推し進めている、地域活性化を担う人材の誘致を目的とした農村移住政策が目指す姿でもある。その一方で、地域においては、地域住民と移住者との間に見られる人材として〈活用する／される〉といった一面的な関係では捉えきれない、生活空間を共にしようとする実践もまた存在するのである。

一　はじめに：ある移住者の経験

「理想のIターンを演じている部分がありました」
「模範的な移住者であろうという気持ちは強いです」

これは、筆者が話を聞いた二人の移住者（三〇〜四〇代女性）の言葉である。二人（Aさん、Bさんとする）は二〇一〇年代に何らかの公的な支援制度を利用し、関西地方の大都市から中国地方へ、首都圏から東北地方へそれぞれ移住した。このうちAさんは、町役場の臨時職員として移住支援業務を担当後、農地付きの物件に入居するため、町内でもっとも高齢化が進む集落に移り住んだ。Bさんは「地域おこし協力隊」として、三年の任期で採用され、独立就農を目指している。

彼女たちは移住先での生活に概ね満足している。農業や田舎暮らしに興味を持ち移住した二人にとって、生活の不便さは想定内。今はインターネットという通信手段があり、自家用車や宅配サービスを利用すれば買い物に不便を感じることもほとんどない。とはいえ、例えば冬の雪かきは想像以上の重労働で、他の仕事も進まない。でも、慣れればそれも生活の一部であり、雪の日は無理をせず、やり過ごす術も身につけてきた。公民館の掃除や草刈り等の地域活動には、都合のつく限り参加する。自分たちの生活空間を良好に保つために必要と考えており、いやいや参加しているという訳ではない。都会に比べ、隣近所のつながりが強く、プライバシーは筒抜け。誰がどこで何をしているか、すぐわかってしまう。よそ道端ですれ違えば、車に乗っていてもいちいち窓を開け挨拶する。しかし、それも織り込み済み。よそ者に閉鎖的ではないとはいいきれないが、だからといって、何か大きな困りごとがある訳でもない。勤め人と比べ、自分で人との関わり具合を決められる、自営業のメリットを実感することも多い。

こうした二人の移住者の姿は、（筆者もこれまで見聞きしてきたが）いわゆる「成功事例」といわれる多くの移住者の姿と重なるのではないだろうか。一方で、二人の冒頭の言葉からは、重圧や戸惑いも感じられる。彼女たちは、良くも悪くも注目される存在であると自覚し、できる限り理想的で模範的な移住者としてふるまい、周囲の期待に応えようと奮闘している。空き家対策として、移住希望者を誘致する活動に精を出し、結局移住者を呼び込めなかったことに後ろめたさを感じたり、ことあるごとに農業で生活基盤を築きたいと意思表示し、農地付きの家を購入することで、定住意思が伝わったのではないかと安堵したり、普段はなるべく行儀よくしていよう、立ち居ふるまいに気を付け、自己主張は控えて、当たり障りのない、良い人であろうと心がけ、気難しい態度を取らず、余計なことは言わないようにしようとしたり……というように。本章では、このような移住者の経験を、現在国家プロジェクトとして進められている、政府にとって理想とされる「あるべき農村移住」政策の検討を通して読み解いていく。

二　農村移住のパッケージ化とは？

人口の東京一極集中が進む現在、都会の喧騒から離れ、自然豊かな空間が広がる農山村へ移住したいと考える都市生活者が増えている。[1] 特に、新型コロナウイルスの世界的大流行を契機として急速に普及したリモートワーク等の働き方の多様化は、農村移住を現実的な選択肢に押し上げた。こうしたなか、国は農山村地域をはじめとした人口減少地域における地域活性化策の切り札として、農村移住に関する一連の施策を展開している。

農村移住は、それを推進する当局の広報やその他メディアによって、しばしば都市生活者が「多様なライフスタイル」を実現するための手段であると喧伝される。確かに農村移住は、都市生活者が都市以外での生活を実現するという点で居住地選択の拡大を意味する。一方、こうした農村移住の語られ方に既視感を覚えるのもまた事実である。物質的な豊かさの象徴としての都市生活と、精神的な豊かさの象徴としての農山村生活、人間関係が希薄な都市生活と、地域コミュニティのつながりが強い農山村生活、都市での非人間的な労働と農山村での人間的な労働等……このようにステレオタイプ化された都市生活と農山村生活の対比を前提に、農村移住の動機や移住後の生活が描かれることが多い。それは、大雑把にいえば、人口減少と高齢化で疲弊した農山村で、移住者が地域住民の無理解や反発を乗り越えながら、地域に何らかの良い変化をもたらし、移住者自身も移住先で理想的な生活を実現するというサクセスストーリーとして語られがちである。このように、本来、個人的な選択・行動の結果である農村移住が、地域活性化という文脈において画一化され、再生産されているようにみえる。

以下では、特に、農村移住に関する公的支援が本格化し、メディアでも多く取り上げられるようになった（土居二〇一六）、二〇一〇年代以降の農村移住の動きを「パッケージ化」の視点で分析し、農村移住に与えられた社会的意味について検討する。本章では、農村移住のパッケージ化を、どこに移住するかという移住地の選定から、移住先での住まいや仕事、移住先での地域住民とのコミュニケーション等、農村移住に必要なあらゆる手続きや要素が、特定の方向へ組み合わされる過程と定義する。ここで用いる「パッケージ」（パッケージング）とは、マーケティングの分野で「製品の容器や包装をデザインし、製造すること」を指す言葉である（コトラーほか 二〇一四：一七七）。その機能は、消費者への情報提供や、それを介した商品の差別化、ブランド化、さらには物流の効率化や省資源化にあるといわれている。パッケージングの概念は、製品そのものだけではなく、付随するサービスにも適用される。その典型は、観光旅行におけるパッケージツアーであろう。旅行者自身が旅行先やそこまでの交通手段、旅行先での食事や宿泊、活動等の各行程や要素を手配する「個別手配」に対して、パッケージツアーでは、旅行業者がそれらを組み立て、商品として販売される。旅行業者は観光旅行をパッケージ化することで、観光サービスの標準化やそれに必要な作業の分業化、限られた時間内に「旅行」を大量生産するシステムを構築することが可能となる（山川 二〇一七）。農村移住の普及・拡大が政策課題となるなかで、この分野においてもパッケージ化の手法が用いられるようになっている。

もっとも誰がどのようにパッケージ化を主導しているか、パッケージ化の主体（主導する組織や団体、人）や内容については、観光旅行と農村移住では事情が異なっている。観光旅行においてパッケージ化を主導するのは旅行業者という民間事業者である一方で、農村移住のパッケージ化を主導しているのは

［1］内閣府が二〇二一年十一月に公表した「第四回　新型コロナウイルス感染症の影響下における生活意識・行動の変化に関する調査」によると、東京圏在住者のうち、地方移住に「強い関心がある」「関心がある」と回答した割合は、全体の一四・二パーセントであった（二〇歳代では二〇・一パーセント）。その理由については、上から「人口密度が低く自然豊かな環境に魅力を感じたため」（三一・五パーセント）、「テレワークによって地方でも同様に働けると感じたため」（二四・三パーセント）、「感染症と関係ない理由」（二二・七パーセント）、「ライフスタイルを都市部での仕事重視から、地方での生活重視に変えたいため」（二一・六パーセント）の順で高くなっている。

国や自治体等の行政機関である。両者の違いには取り巻く市場の状況が反映されている。日本人の海外旅行は一般化、大衆化して久しく、それを取り巻く市場は量的拡大から質的成熟への転換が課題となっている（山川二〇一七）。それに対して、農村移住は比較的新しい動きであり、都市と農村の構造的な関係にも由来し、関連する市場や民間事業者によるサービスは未発達である。わが国においては、高度経済成長期以降、一貫して農山村から都市部への人口流出が続いており、農村移住は人口動態の主流ではなかった。就業の面でも、都市部と比較して農山村では給与水準が低く、就業機会も限られている。こうした条件下において、農村移住の希望者はこれまで、わずかな情報を頼りに、住居や仕事をめぐる様々な準備を個別に行ってきた。人口減少下において都市部からの人口流入による地域活性化を図りたいと考えている、行政機関が一個人の転居である農村移住に関与する余地がここにある。

三　パッケージ化の方針：「あるべき農村移住」とは？

三－一　地域活性化を担う人材の誘致を目指す農村移住政策

では、現在進められている農村移住政策は具体的に何を目指しているのか。農村移住のパッケージ化の中心をなす方針や方向性とは、どのようなものなのか。ここでは、農村移住に関する政策文書や関連施策に現れている「あるべき農村移住」について検討する。

農村移住が国家プロジェクトとして推進されるようになったのは二〇一四年以降のことである。同年に制定された「まち・ひと・しごと創生法」では、若者を中心としたＵＪＩターンの強化が、人口の過度な東京一極集中の是正や地方における担い手不足への対応策として位置づけられた。これまで各省庁が個別に取り組んできた、農山村での定住や地域間交流に関する施策は、同法を中心とした一連の「地方創生」関連施策において、農村移住政策として確立していく。例えば、農林水産省では、これまでも定年帰農や二地域居住、UIターンの推進等に取り組んできたが、「農村移住」という語が基本計画に登場したのは二〇一五年の「食料・農業・農村基本計画」が最初であった。

農村移住に関わる各省庁の政策文書からは、現在の農村移住政策が目指す「あるべき農村移住」の姿が浮かびあがってくる。「地方創生」関連施策下における農村移住政策の目的は、一言でいえば、人口減少下における地域活性化を担う人材の誘致である。各省庁が公表する農村移住に関する文書には、移住者を地域活性化を担う人材とみなす記述が散見される。例えば、総務省の報告書には、人口減少社会において「地域社会の活力低下」が懸念される中で、「移住者、地域外の人材等を広くつなぎとめて、活用していくことが」重要との記述がある（これからの移住・交流施策のあり方に関する検討会 二〇一八：一）。また内閣府の報告書では、「UJIターン人材による起業」（わくわく地方生活実現会議 二〇一八：六）、「地方移住したプロフェッショナル人材の活用」（わくわく地方生活実現会議 二〇一八：七）、「地方の活性化に希望を持つ若年からミドル層の人材の地方企業への転籍」（わくわく地方生活実現会議 二〇一八：七）を促進する必要性が指摘されている。農林水産省では、移住者を「農山漁村発イノベーション」の担い手と期待する（新しい農村政策の在り方に関する検討会 二〇二一）。「農山漁村発イノベーション」とは、地域内外の関係者と連携し、農山村における地域資源を他分野も含めた様々な分野と組み合わせ、それら技術も活用しながら、新たな事業・価値の創出や所得向上を図る取組であるという。同報告書では、持続的な農村社会のためには、「農山漁村発イノベーション」が不可欠であり、移住者をはじめとした人材はこうした取組の実践者であること、またこうした取組を推進していくことが移住者の獲得や定着につながるとし、移住者の人材としての側面を強調する。このように、農山村をはじめとした人口減少地域への移住者には、地域活性化を担う「人材」、具体的には、地域活性化の取組に「資金」や「知恵」を提供する役割や地域活動の「労力」としての役割が期待されているのである。

三―二　あるべき移住者像

あるべき農村移住者像についても言及されている。例えば、内閣官房まち・ひと・しごと創生本部事務局が作成している『地方移住ガイドブック――いなか暮らしはじめませんか？』（以下、『ガイドブック』）では、移住希望者に対して、農村移住に対する心構えや地域社会における模範的なふるまい等を以下のように助言する。

まず、なぜ農村移住をするのか、その目的や心構えについては、次のような記述が見られる。

「都会生活に疲れたから、田舎でのんびり暮らしたい」という言葉をよく耳にしますが、それだけではダメ。大切なのは、家庭菜園や園芸をしたい、農家を目指したいなど、目的をはっきりさせることです。そうすれば、理想の暮らしに近づけます。「田舎の人と話した経験がない」という人は、一定の準備期間を設けることも必要です。（内閣官房まち・ひと・しごと創生本部事務局 二〇一五：二）

同様に、実際に地方に移住したものの地域に溶け込めず、寂しい思いをしたというDさんの事例に対しては、「地域によって受け入れ方には温度差があるのも事実です。事前に何度も通ってみたり、自治体に相談するなどの事前準備や積極的に地域に入っていこうとする姿勢も大切です」と助言する。同様の記述は他にもあり、「Q　いきなり移住するのは不安です……」という相談に対しては、「失敗しない移住をするために」、「お試し移住などでその地域の暮らしを体験」することが勧められる。

また、移住者に求められる態度やふるまいについては、「地域へ溶け込む」ことの重要性を強調する。『ガイドブック』の冒頭では、「〈地方〉へ移住してあなたの理想のいなか暮らしを実現させてみませんか?」というように農村移住を「田舎暮らし」と読み替えたうえで、田舎暮らしとはすなわち、「地域社会へ溶け込むこと」であり、「地域の一員として認められ」るためには、「お祭りの手伝いや農道の掃除といった共同作業に参加すること」が必要だと述べている（内閣官房まち・ひと・しごと創生本部事務局二〇一五：二）。ここでいう「地域へ溶け込む」とは具体的には、都会とは異なる風習や慣習に馴染むことや「郷に入っては郷に従えの精神」を指している。この点については、Q＆A方式で、次のようなやりとりとしてもまとめられている。

Q田舎の独特な習慣や風習にすぐ馴染めますか?
A田舎では人とのつながりが強く助け合いながら暮らしています。地域の活動や行事などに積極的に参加することで、地域の人たちとの距離がより早く近くなるでしょう。（内閣官房まち・ひと・しごと創生本部事務局二〇一五：八）

同じく、「先輩移住者のホンネから学ぶ　地方移住の心構えと準備」というコーナーでは、都会の感覚が伝わらず困惑したAさんの事例を紹介し、農村移住に際して求められる態度について次のように述べている。

それまでのライフスタイルや考えを捨てる必要はありませんが、その地域にはその地域のやり方というものがあります。それをよく理解したうえで、押し付けにならないように地域の人たちに理解をしてもらうことも大切です〔…〕郷に入っては郷に従えの精神も忘れずに。（内閣官房まち・ひと・しごと創生本部事務局 二〇一五：一八‐九）

同『ガイドブック』では、移住先でのふるまいや準備について、さらに具体的に指南する。例えば、移住先が決まり、引越しを終えた直後の行動については、次のように助言する。

無事、引越しが終わったら、その地区の区長（組長、自治会長と呼ぶ地域もある）を紹介してもらいましょう。手土産を持って挨拶に伺うのが普通です。自分たちがどういう暮らしをしたいのかも伝えておきましょう。（内閣官房まち・ひと・しごと創生本部事務局 二〇一五：二三）

三‐三　移住者のロールモデルとしての地域おこし協力隊

以上のように、現在の農村移住政策が描く理想的な移住者像とは、地域の慣習を理解し、地域に溶け込みながら、地域活動を担うとともに、地域経済に何らかの価値を付加することができる人であることがわかる。同時に、移住者にこのような活躍の場を与えることは、移住者の多様なライフスタイルの実現にも寄与することが期待されている。このような模範的な移住者像を体現しているのが、「地域おこし協力隊」制度である。これは、地方で地域支援等を行う人材に、最長三年間、報償費や活動費を支給する制度で、総務省が公表する報告書『地域おこし協力隊 Handbook――新天地で自分らしく人生を紡ぐ　地域おこし協力隊員という生き方』によると、協力隊員を受け入れる自治体や地域は、制度が開始された二〇〇九年度の三一自治体・団体から、令和元年度にはのべ一、〇七一自治体・団体に拡大し、隊員数も八九人から約五、五〇〇人まで大きく増加している。

同制度は、農村移住を直接の目的として導入されたわけではないものの、現在では、特に若い世代を対象とした農村移住の一つの選択肢として広く認識されるようになっている。[2] 同ハンドブックでは、地域おこし協力隊制度を「都市部に住んでいる人が少子化や過疎化などの課題を抱える地域に移住して「地域協力活動」を行いながら定住・定着を図る取り組み」（総務省 二〇二一：四）とし、「地域おこしを生業にしながら、定住に向けてスムーズに生活の地盤を築いている」（総務省 二〇二一：六）と評価

[2] 岡山県立図書館によれば、都市に住む若者を農山村へ派遣する事業はすでに一九七〇年代から都市農村交流事業の一環として実施されてきたが、地域支援を直接の目的とする取組が事業化されたのは二〇〇〇年代後半のことである。総務省では、二〇〇八年には「集落支援員」を、二〇〇九年には「地域おこし協力隊」を、また農水省では二〇〇八年に「田舎で働き隊」（二〇一六年から「地域おこし協力隊」に名称統合）の制度をそれぞれ導入した〈https://crd.ndl.go.jp/reference/detail?page=ref_view&id=1000233043（最終確認日：二〇二二年十二月八日）〉。

している。実際に、任期を終了した協力隊員の六割が活動した自治体や近隣地域に引き続き住んでおり、地域に根差した取組を続けているという。具体的な例として、VR（ヴァーチャルリアリティ）を使った観光PR活動、新たな情報発信と販売システムによる地域の農業活性化、アートによる地域コミュニティの変革等、自身の経験や技能を活かしながら、地域産業や地域コミュニティに新たな視点や技術を導入している協力隊員の姿が紹介されている。

このように、地域おこし協力隊制度は、「多様なライフスタイルの実現」と「地域貢献」の両立が求められる現代の農村移住者にとって、一つのロールモデルの役割を果たしている。では、現在の農村移住は、このようなあるべき農村移住に向かって、どのようにパッケージ化されているのか。次節では、農村移住に関する具体的な施策や自治体での取組事例を取り上げ、農村移住のパッケージ化を計算可能性、予測可能性、管理の強化という三つの次元から説明する[3]。

四　パッケージ化の諸次元：「あるべき農村移住」はどのように進められているのか？

四－一　計算可能性

農村移住のパッケージ化は様々な次元で進められている。その一つは、農村移住における計算可能性の浸透である。これは主として、農村移住政策における数値目標の設定や、その達成度に応じた財政措置という仕組みに現れている。現在、農村移住を推進する多くの自治体では、「地方版総合戦略」に重要業績評価手法（KPI）を用いた農村移住に関する数値目標を掲げている。具体的には、誘致する移住者数の目標値や実績をはじめ、相談件数や移住者の定着率などに及ぶ。「地方創生」の実現に向けて国は、各自治体に「地方版総合戦略」の策定とＫＰＩを活用した施策の検証及び見直しを義務づけており、農村移住に関する数値目標の設定は、こうした施策の流れを受けたものである。現状では、そこで把握される「移住者」の定義や集計方法が自治体によって異なっており、統一的な指標の整備が課題として指摘されているものの（田中ほか二〇二〇）、全体としては農村移住に関する量的把握と、それを踏まえた地域間での競争が促されている。

四-二　予測可能性

第二に、農村移住における予測可能性の浸透である。これは農村移住に関わる手続きや過程を可視化し標準化することである。内閣官房の『ガイドブック』を再び取り上げよう。同ガイドブックは、「あなたはどんな暮らしを探していますか？　このガイドブックでは、あなたの希望する地方移住のあり方を一緒になって考えていきます」（内閣官房まち・ひと・しごと創生本部事務局二〇一五：一）と、移住までのステップをわかりやすく解説する。その冒頭に示されているのが、移住完了までにクリアすべき段階を可視化した図４‐１である。同ガイドブックでは、同図の流れに沿ったかたちで、移住までの段階に応じた準備すべき事柄や利用すべき支援制度が紹介されている。実際に、移住者誘致を進める多く

［3］パッケージ化の様態の分析には、ジョージ・リッツァのマクドナルド化の概念を参照した（Ritzer 2004=2008）。同様の分析は、山川（二〇一七）においてもおこなわれている。

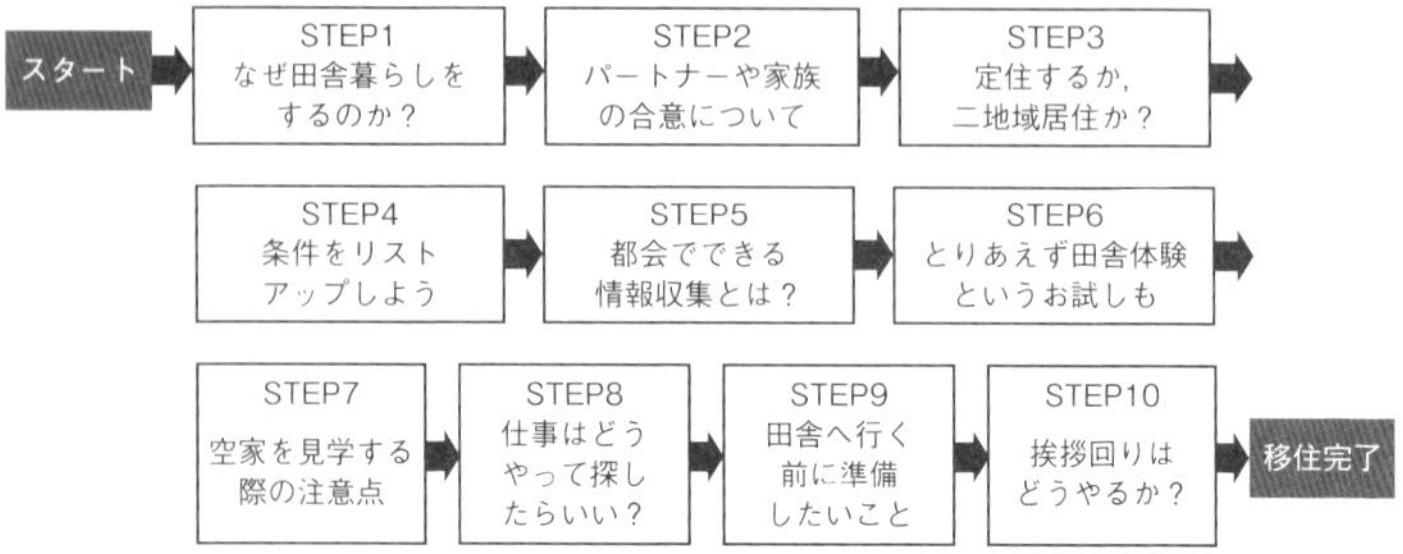

図 4-1　農村移住までのステップ

資料：内閣官房まち・ひと・しごと創生本部事務局が作成している『地方移住ガイドブック～いなか暮らしはじめませんか？～』（pp.2-3）より筆者作成。

の自治体では、農村移住を検討し始める段階から移住後の生活までを視野に入れた、段階に応じた支援策を準備している。具体的には、移住専門部署、移住を支援する組織や窓口の開設、相談員の配置、就労（特に就農）支援、空き家バンクやお試し住宅等の住宅支援がおおよそ共通するメニューとなっている（田中ほか二〇二〇）。

　このうち特に移住支援組織は、移住希望者が移住までに踏むべき手続きや越えるべきハードルを見通し、適切に支援策を利用するために、重要な役割を果たしている。その形態や立地は自治体の外郭団体やＮＰＯ法人、地域住民組織、大都市に置かれているもの、移住先の自治体に置かれているもの等様々である。一般には、大都市に置かれた移住支援組織では農村移住を喚起するための宣伝広報活動や情報発信、移住先の選択に対する助言等を、地元側に置かれた移住支援組織では住居や仕事、地域コミュニティへの仲介等を、それぞれの主な役割としている。近年は、専属の相談員を配置する組織や団体が増えており、特に、地元側の移住支援組織では地域おこし協力隊経験者を含む、当地への移住者が相談業務を担当する事例も散見される。相談員は、農村移住に対する希望や準備状況等を個別面談や電話・メール相談によって丁寧に聞き取り、その実現可能性や地域の選択に対し助言する。大都市側の相談員と地元側の相談員が連携し、一人の移住希望者をサポートすることもある。

四-三　管理の強化

第三に、農村移住における管理の強化である。これは、どのような移住者を歓迎すべきかという、理想的で望ましい移住者の選別に現れている。ここで移住希望者をふるいにかける組織や人、いわゆるスクリーニングポイントとして機能しているのが、先述した移住支援組織や相談窓口である。

このうち最初のスクリーニングポイントとなる大都市にある移住相談窓口には、移住先での明確な生活イメージがあり、生活手段について具体的に検討している人から、漠然と田舎暮らしへの憧れを抱き、ふらっと立ち寄った人まで、それぞれ準備段階の異なる移住希望者が訪れる。それら相談者のなかには、支援員の知識や経験から「田舎暮らしに向かない」や「まだ行動に移す段階にはない」と判断される人も含まれており、相談員は積極的な支援を控え、再度の準備を促すこともある。

次のスクリーニングポイントは地元側の移住支援組織であり、移住先の候補がある程度絞られた段階にあたる。西日本のある地域では、家主が移住者に空き家を貸し出す際に、移住支援に取り組む住民組織の役員との面談を義務づけている。移住希望者の選定においてもっとも重視している点は、「地域に溶け込んで、コミュニティを支えられる人物」であるか否かであり、地域住民との関わりを持たず「別荘的に暮らそうとする者」には組織として支援しない方針をはっきり示している。また、子どもがいる世帯や今後出生が見込まれる世帯も優先される。住民組織によるこうした取り決めの背景には、少子化による小中学校の存続に対する危機感がある。なお、ここでいう「別荘的」な暮らしについては、上述の『ガイドブック』でも同様の記述が見られた。具体的には、「移住地域を絞り込む5つのポイント」の一つとして、「人づきあいの苦手な人は別荘地帯へ　そこで暮らす人がどんなに少なくても、地域で生活をすると必ず人づきあいが伴います。どうしても苦手な人は思い切って別荘地に絞る方がいいでしょう」（内閣官房まち・ひと・しごと創生本部事務局 二〇一五：一七）といった記述がそれにあたる。これは空間的な線引きにより、移住希望者を選別する手法と捉えられる。

自治体自らが移住希望者の選別に間接的に関与する動きもみられる。同じく西日本のある自治体では、地域外からの物件購入希望者に対して、各集落の慣習や決め事を明文化し、事前に周知している。最近、家主と直接交渉し、物件を購入した移住者のなかで、「地域活動に参加せず、好き放題する」人や「地域住民とトラブルを起こす」事案が発生していた。自治体は、移住者としてのぞましいふるまいを暗に示すことで、こうした事態をできる限り回避したいと考えている。

五　パッケージ化のメリット・デメリット

以上のように、現在、国は地域活性化の手段として、地方自治体や地域団体、そしてあらゆる政策手法を動員し、あるべき農村移住の推進を図っている。そのなかで、農村移住は、少子高齢化に伴う地域課題の解決に貢献する人材の誘致という、あるべき農村移住に向かって、計算可能性、予測可能性、管理の強化という点で、パッケージ化されていた。このような農村移住のパッケージ化には、次の点で長所と短所が見られる。これらは、パッケージ化の特徴に由来するものであり、パッケージ化の結果でもある。

パッケージ化の長所は二点ある。第一に、政策立案者及び移住者誘致を企図している自治体や地域団体による、あるべき農村移住の推進、すなわち理想的な移住者の獲得を効率的に実現するための手助けとなる点である。移住支援におけるスクリーニング機能の強化は、自治体や地域団体と移住希望者とのマッチングの精度を高めることにつながる。また、農村移住の標準化やマニュアル化は、移住希望者との間に起こりうるトラブルを事前に検知し、回避する手助けとなる。

第二に、移住希望者の農村移住にかかるコストを削減することができる点である。農村移住の過程や手続きの可視化や標準化による予測可能性の高まりは、移住希望者に対して農村移住に関する情報アクセスの機会を拡大し、移住地の合理的な選択を後押しする。このように、農村移住のパッケージ化は、農村移住の大衆化や普及に貢献している。

他方で、農村移住のパッケージ化の短所は次の二点である。一つは、パッケージ化の主体／客体の問題である。農村移住のパッケージ化には、パッケージ化の主体による管理の強化という特徴が見られた。パッケージ化が進むほど、パッケージの内容を決める主体の立場が強まり、農村移住は一方的になる。その結果、移住希望者と移住者を誘致する地域が、選び・選ばれるという双方的な移住から遠ざかってしまう。

もう一つは、パッケージ化の内容の均質性の問題である。本来、地域社会のあるべき姿や、それを実現するために解決すべき地域課題は、画一的なものではない。あるべき農村移住が目指す、パッケージ化の主体が前提とする地域社会像もまた数ある地域社会像の一つに過ぎない。しかし、パッケージ化はあるべき農村移住に向かい、農村移住が一方的になるほど、そこで期待される移住者像は均質化される。このように、農村移住のパッケージ化は、農山村における住民の多様性の確保や多様なライフスタイルの尊重という点で問題を残している。

六 「あるべき農村移住」の実態：期待される役割とそれへの対応

冒頭で紹介した二人の移住者の経験に再び立ち返ろう。二人は、移住先の地域社会においてどのような役割を期待され、どのように応えようとしているのか。

移住者として果たすべき任務や役割は、地域おこし協力隊として活動しているBさんにおいてより明確である。募集要項に明記されていた地域おこし協力隊としての採用条件は、市内に定住する意思があること、農地継承に資する活動を行うことの二点であった。これらの条件は、当地で農業により生活基盤を構築したいと考えているBさんの希望とも一致する。Bさんは採用後すぐに就農準備に取りかかりたいと考えていた。しかし、他の多くの就農希望者もそうであるように、農地や住居の確保には苦労した。一年目は何をどうすれば良いかわからずに、農地を借りることすらできなかった。その後、市民農園での耕作、農協選果場でのアルバイトや農業法人での研修などを経て、キーパーソンとなる農業者に出会い、それからは就農準備が一気に進んだ。そして採用一年後には、ようやく現在居住している農地付きの物件を購入することができた。現在は、サクランボや里芋を中心に自営農業の確立を目指している。農地付物件の購入は、Bさんにとって、就農準備における物理的な環境の整備を意味するとともに、周囲の人たちに定住意思を証明することを手助けするものでもあった。実際に、作物部会の技術講習会では、「すぐにいなくなってしまう人に教えてもむだ」とあからさまに後ろ向きな態度を取る人もいた。そのたびに、農業で身を立てていく覚悟を周囲に表明していたBさんにとって、この出来事は気持ちを軽くするものであった。

これに対しAさんには、少なくとも形式上、Bさんのようにわかりやすいかたちで求められている役割はなかった。しかし、役場臨時職員の立場で移住支援に従事し、その後、町の空き家バンク制度を活用し、集落に移り住んだAさんは、周囲からの期待を背負っていた。有機農業の町として全国に知られている同町には、Aさん自身もそうであったように、自給的な農業を中心とした暮らしを営みたいと考える移住希望者が多く来訪し、農地付きの空き家に対する需要が高まっていた。それに対して供給が追い付かない状況のなか、町の「空き家バンク」に当時唯一登録があった物件に賃貸契約で入居したのがAさんであった。

Aさんは、集落へ移住後、自家農地で数種類の野菜を栽培し、それらの販売を中心に、知人の手伝いや頼まれごとを引き受けながら生計を立てていた。大学生を自宅に招き、体験活動や食事を提供する民泊の取組も始めた。Aさんはまた、「声をかけられたら何でもやる」と話すように、集落活動にも積極的で、女性の仕事とされる自治会の副会長を務め、集落での移住支援活動にも熱心だった。集落出身者の協力も得ながら、家主不在の空き家の片付けや周辺の草刈りを率先して行い、就農を希望する移住者を迎える環境を整えた。その成果もあり、県外からの移住希望者も出てきたところであった。町役場も、

Ａさんによるこうした取組に期待し、「住民主導による移住者誘致の取組」として全町に広げていきたいと考えていた。Ａさんが暮らしている町では近年、移住希望者への支援体制の強化のため、移住支援員による「集落の維持・活性化」に取り組んでいる。移住希望者が増えるなかで、少なからず発生していた移住者と住民とのトラブルを未然に解決するためにも、また、不足する空き家の掘り起こしのためにも、Ａさんのような移住者と既存住民の仲介者が求められているのであった。

移住者への期待は、こうしたあるべき農村移住政策を推進する行政機関やその関係者に留まらない。少なくとも、彼女たちは、周囲の多くの人たちから直接求められるわけではないが、あふれ出てくるような期待を次のように感じ取っている。少子高齢化やそれに伴う様々な課題が指摘されるなかで、これまでの生活が立ち行かなくなる現実から目を背けることはできない。そうしたなかで、もし、この生活――そこには過去にこの地で経験した生活も含まれているようだ――の継続に、移住者が力を貸してくれるならば、頼りにしたい。田畑の荒廃を食い止める手助けとなってくれたら、思いがけず昔のようなにぎやかな祭りをもう一度見ることができたら、それは儲けものである、というように。

このように、移住者たちは、移住先の自治体や地域社会における定住人口の増加や農地の継承、集落の維持や活性化のための活動を担うこと等、あるべき移住者としての役割を自覚し、期待に応えようと奮闘している。こうした移住者のふるまいは、より直接的には、支援制度の恩恵を受けた以上、それに見合った成果を示さなければならないという義務感や責任感から生じるものであろう。同時にこのような思いは、周囲の人たちからの微かな期待を感じとることで、より強まっているように見える。他方で、あるべき移住者としてのふるまいは移住後の生活基盤を確立するために避けては通れない、現実的な対応としても受け止められている。

七　おわりに：「あるべき農村移住」の行方

その後、Aさんは、集落をあとにし、今は別の場所で暮らしている。地域活性化の取組に奮闘していた頃の彼女の言葉が印象に残っている。

「人との交流がもっとあればいいのに」

集落内のみならず、集落から出て行った人たちや同業者とのネットワークを拡大し、筆者には、十分すぎるほど周囲の人たちとコミュニケーションを図っているように見えた彼女が求めていた人との交流とはどのようなものだったのか。彼女はなぜ出ていってしまったのか。理想的な移住者という役割を全うすることに疲れてしまったのか。何か別の理由があったのかもしれない。ここでその理由を特定することは大きな問題ではない。より重要なのは、あるべき移住者像に共鳴し、あるいは翻弄され、理想的で模範的な移住者であろうとする態度や努力が、違和感や居心地の悪さを生じさせたこと、そしてそれが結果的に必ずしも自らが望んでいるとは限らない方向へ作用してしまったという事実である。

こうした状況に対して、あるべき移住者としての完璧な役割遂行を手助けすべきだという考え方がある。役割遂行における障壁を除去し、あるべき農村移住に向けて、支援の強化や制度の補強を図るという選択である。しかし現実には移住者が皆、あるべき農村移住に必要な技能や技量を持ちあわせている訳ではないし、求められるスキルと持ち合わせるスキルとの間には、当然ズレもあるだろう。何よりも、移住者が完璧な役割遂行を目指せば目指すほど、かえって、事例で見たような違和感や居心地の悪さを生じさせてしまうかもしれない。

一方で、彼女たちは（去っていったAさんだけでなく現在もその渦中にいるBさんも）、周囲の人たちとの関わりのなかで、これとは異なる経験を有している。

「どうせ、すぐいなくなっちゃうんでしょ」

挨拶代わりとまではいわないが、彼女たちがそうであったように、多くの移住者にとって、このような言葉をかけられた経験はそれほど珍しくはない。様々なニュアンスが含まれる言葉ではあるが、二人の解釈はほぼ共通している。周囲の人たちは、移住者である自分に対して、ことさら何かしてほしいとか、過剰な期待をしている訳ではない。移住者が率先して地域を変えてほしいとも思っていない。むしろ、これまでの生活が続いてほしいという意味では、変化を望んでいない。かといって、自分たちが暮らす地域が廃れていくのも困る。移住者に対しては、自分たちの生活を脅かすような存在でもない限り、来てほしくないとか、ことさら排除する気持ちはない。どのみち都会の人にはここでの不便な生活がそう長続きするとも思えない、と。これは、移住者に重圧や戸惑いを与えるあるべき農村移住のかたちとは異なった、一定の距離感や割り切りを含みながら生活空間を共にしようとする実践といえる。このようなパッケージ化には回収しきれない経験も、地域にはまた存在している。

地域おこし協力隊に採用され三年目を迎えたBさんは、これから農業を基盤とした生活をどのように構築していくのか。Aさんのように――図らずも周囲の人たちからの「どうせ、すぐいなくなっちゃうんでしょ」という言葉が現実のものとなり――別の場所へ移住したり元の場所へ帰ってしまうこともあるかもしれない。いずれにせよ、これからもBさんは、程度の差こそあれ、あるべき移住者を演じ続けざるを得ないだろう。しかし同時に、その枠からはみ出た日々の暮らしも続いていくのである。

【引用・参考文献】

新しい農村政策の在り方に関する検討会、二〇二一、『新しい農村政策の在り方に関する検討会中間報告』

コトラー、フィリップ・アームストロング、デイリー・恩藏直人、二〇一四、『コトラー、アームストロング、恩藏のマーケティング原理』丸善出版

これからの移住・交流施策のあり方に関する検討会、二〇一八、『これからの移住・交流施策のあり方に関する検討会報告書――「関係人口」の創出に向けて』

総務省、二〇二二、『地域おこし協力隊Handbook――新天地で自分らしく人生を紡ぐ　地域おこし協力隊という生き方』〈https://www.soumu.go.jp/main_content/000740915.pdf（最終確認日：二〇二二年十一月二二日）〉

田中淳志・佐藤真弓・平形和世、二〇二〇、「移住希望人気上位県・市町の移住支援施策」農林水産政策研究所『都市住民プロジェクト研究資料第二号　農山村への移住・定住の促進に向けた取組に関する研究』一二一-一四一

土居洋平、二〇一六、「地域活動の展開と農村移住受入れ・定着――山形県西川町大井沢を事例に」農林水産政策研究所『新たな価値プロジェクト研究資料 第二号　農業・農村の機能・価値の維持増進を図る方策の検討』一一一-一二六

内閣官房まち・ひと・しごと創生本部事務局、二〇一五、『地方移住ガイドブック――いなか暮らしはじめませんか?』〈https://www.chisou.go.jp/sousei/info/pdf/panf_iju.pdf（最終確認日：二〇二二年十一月二二日）〉

山川拓也、二〇一七、「ハワイへの日本人観光パッケージツアー商品の生産と消費に関する一考察――マクドナ

ルド化とエスノセントリック性の観点から」『広島文教グローバル』（二）：四七-六一
わくわく地方生活実現会議、二〇一八、『わくわく地方生活実現会議報告書――自分らしい生き方を地方に求めて』
Ritzer, George, 2004, *The McDonaldization of Society, Rivised New Century Edition*, Thousand Oaks: Pine Forge Press（＝二〇〇八、正岡寛司訳『マクドナルド化した社会――果てしなき合理化のゆくえ』早稲田大学出版部）

第五章

不気味なもの

ホームに生きる人々の二重性の経験

渡邉悟史・北島義和・芦田裕介・金子祥之・佐藤真弓

空き家になっている筆者（渡邉）の実家（筆者撮影）。つる植物が玄関扉の下から侵入してきた。自室の整理が長引いてしまい、すでに電気が通っていないこの家で夜をむかえると、自分の家にいながら自分の家でないように思える。亡くなった祖母の部屋の壁時計が突然鳴りだせば、すぐに出ていきたくもなる。深呼吸をすると、ほこりっぽい空気の中にかろうじて懐かしい匂いが一瞬感じられるのが救いであろうか。もちろん、つる植物は自らの事情で動いているだけであり、壁時計はちゃんと決められたとおりに働いているに過ぎない。

一　はじめに

現代は、その原因を求める先が気候変動であれ、先端技術であれ、グローバル化であれ、前代未聞のリスクと責任を人間が抱え込んだ時代である。ところが、そういう時代にあって、あるいはそういう時代だからこそ、人間が一体どのような時間と場所において何をしているのか把握する作業は難しい。

こういった事態は廃墟や滅亡への関心を繰り返し生み出すだろう。「終わり」からの逆算が現在地と方位を確かめる術となるからである。しかし、黙示録的なイメージをもたらす出来事の長大な目録を前に「今日の黙示はロング・ランの続き物なのだ」(Sontag 1977=1992: 261) とすでに書かれた時代に私たちは生きている。どんなネガティブなものも一連の騒動の果てに消費され、「再生」や「創生」の事例集にポジティブなものとして格納されてしまう。

この二重に阻む力を迂回するためには、「破局度」や「緊急性」をめぐる競い合いから脱落してしまうようなものや、「緊急性」を強調する声にかき消されてしまうものに目を向けることも大事だろう。些末とされてしまうような物事を解剖し、そこに加えられている力を捉えたり、立ち現れる違和感を取り上げたりするような回り道である。生活に小さな破局や破綻が集積していくならば、そういう道から私たちが何をしているのか、あるいは何をしていないのかを捉えなおす。そして、生活を語りなおす仕方や立てなおす仕草を探っていくというのも試してみる価値はあるのではないか。

こうした作業の一環として今回私たちは不気味なものに注目してみようとした。この章では、事例から少し離れて、学術において不気味なものがこれまでどのように問題とされてきたのかを必要な分だけ概観しつつ、あらためて今どうして不気味なものが問題となるのかを考えてみたい。

二　不気味なものの増殖

二〇世紀後半以降、不気味なもの（Das Unheimliche/the uncanny）はさまざまに論じられてきたし、今も論じられている。たとえば、ゾンビ映画を論じるなかでマキシム・クロンブは不気味なものを「ありふれた現実がほんのちょっと傾くところから生じる」経験だとしている（Coulombe 2012=2019: 52）。まずは、この経験の中身が一体何だとこれまで考えられてきたのかを見ていくことにしよう。

不気味なものをめぐる議論の中心に常にあったのは、何といってもジークムント・フロイトのその名も「不気味なもの」という一九一九年の論文であった。そのほかの有名な著作の間に挟まれ、どちらかと言えば周縁的な位置にあった小さな文章である。それが著名な書き手たちに「発見」されるや否やたちまち盛んに言葉を触発する震源地となっていった。

フロイトの「不気味なもの」論文は、あるものや状況が私たちに不気味なものとして立ち現れ、不安を感じさせる条件とはいかなるものかを論じたものである。それはドイツ語の「heimlich［馴染みの、親しみのある、我が家の］」という多義的な語についての検討から始まる。「わたしたちにとってもっとも興味深いところは、ハイムリッヒという語の意味にはさまざまに多様なニュアンスがあるものの、反対語のウンハイムリッヒと同じことを意味する場合があることである」（Freud 1947=2011: 145）。ときに「heimlich」が「unheimlich［不気味な］」という意味を帯びる。一語に正反対の意味が貼り付いている。

この点においてフロイトは、単に知らないものや不確実なものへの不安とは区別されるものを取りだそうとした。つまり、旧知のもの、馴染みのもの、居心地のよいものが、見知らぬもの、馴染みのないもの、居心地の悪いものとして立ち現れてくる際に感じる不安として不気味さを捉えようとしたのだった。フロイトは、「隠されているもの、秘められているべきものが表に現れることをすべて、不気味なもの（ウンハイムリッヒ）と呼ぶ」（Freud 1947=2011: 144）というシェリングによる定義や、イエンチュの「生命あるものとして馴染んでいるイメージの背後に、自動的な（機械的な）プロセスが隠されているかもしれないという予感」（Freud 1947=2011: 150）といった説明、E・T・A・ホフマンの小説『砂男』、臨床事例などを参照しながら次のような結論に至る。すなわち不気味なものとは、「慣れ親しんだもの、馴染みのものであり、それが抑圧された後に回帰してきたもののことである」（Freud 1947=2011: 187）。つまり、かつて封じ込めたはずのものが戻ってきたときに、「不気味なもの」が現れるというのである。このときフロイトにとってそれは、「抑圧された幼少期のコンプレックス」の蘇りや「克服された原始的な［アニミズム的な］確信」の確証として露わになるのであった（Freud 1947=2011: 194）。

「不気味なもの」論文は多くの点で曖昧さを明らかに残しており、それがかえって多義的な読解の可能性を広げたといってよい。不気味なものの概念史を包括的に論じたアネリン・マシュラインによれば、特に一九七〇年以降、思想家や文芸批評家たちはこの論文を精神分析の領域から連れ出し、さまざまな分野におけるインスピレーションの源として採用するようになる（Masschelein 2011: 125）。とりわけフロイトの議論は脱構築批評と親和性が高かったろう。それはニコラス・ロイルが「脱構築は、一見馴染みのあるテキストを奇妙なものにするし、はっきりとした自信たっぷりな物言いを不確かなものとする」といい、不気味なものを精神分析の領域から「不気味に溢れ出たもの」として、不気味なものの別名は脱構築なのかもしれない、と述べているところにもっともよく表れている（Royle 2003: 24）。

実際、不気味なものについてのアイデアは多くの論者たちを魅了し、触発的な学際的研究を生み出した。ごく一部を列挙すると、他者論（Kristeva 1988=1990）や表象・メディア研究（姜 二〇〇七）、歴史・記憶の社会学（Gordon 2008）、美術史（Foster 1993）、老年学（DeFalco 2010）、建築史（Vidler 1992, 2000=2006）、陰謀論研究（Lepselter 2016）などにも援用され、それぞれ独自の意味・解釈に基づいた探求がなされていくことになる。

あたかもこういった不気味なものたちのリストはいくらでも長く伸ばしていくことができるかのようである。この百家争鳴の事態に対し、すでにマーティン・ジェイが、不気味なものは「今日の文化論のボキャブラリーでもっとも意味と労力を詰めこまれすぎた（supercharged）言葉のひとつだ」（Jay 1995: 20）と苦言を呈し、現実から遊離した空虚な言葉遊びや、古いもの・抑圧されたものというだけで魅力を感じてしまう復古趣味・商業主義に回収される恐れを表明していた（Jay 1995: 26）。ジェイが指摘するリスクをもう一度とるとすれば、この意味増殖の運動は、概念の歴史としてみると、不気味なものがひとつの意味に馴染んだかと思えば、隠されていた意味が回帰してくるという、それこそ不気味な「非概念（unconcept）」的性質（Masschelein 2011）を示しているといえるのかもしれない。

おそらく本書もこの運動からは逃れることはできないのだろう。そうであるとはいえ、ここで次のように問うことは本書にとって有益である。つまり、不気味なものについてフロイトに書くことを促したリアリティとは何だったのか。こう考えてみることで、不気味なものの出自を明らかにし、この「非概念」と当時の状況や生活史的経験との接点を掴むことができるからである。

三　不気味なものと故郷喪失

フロイトの「不気味なもの」論文におけるポイントは、「「親しみのある」(ハイムリッヒ)が「不気味なもの」(ウンハイムリッヒ)になる」(Freud 1947=2011: 145)というところにあった。そして、かつて封じ込めたはずのものが戻ってきたときに、不気味なものが現れるというのである。ここで本書にとって重要なのは、不気味なものをフロイトあるいはその同時代人のリアリティとして捉えなおそうとしたアンソニー・ヴィドラーの議論である。この建築史家は、フロイトが把握しようとした、あるいはフロイトに思考を促した当時の社会状況とはいかなるものだったのかを問う。こうした伝記的道筋は不気味なものと社会的あるいは生活史的経験との接点を私たちに示唆するだろう。ここでは適宜他の論者の議論を補助線として加えつつヴィドラーの発想を理解してみたい。

ヴィドラーはフロイトの「不気味なもの」論文が書かれた時代へ私たちの注意を喚起する。彼の指摘は、不気味なものが立ち現れる経験は、ヨーロッパという「母国(homeland)」、あるいはフロイトにとって揺り籠であり安全な住居であったはずの西洋文明が、第一次世界大戦というかたちで野蛮な退行と荒廃、廃墟化をみせるなかで論じられたというものである(Vidler 1992: 6–7)。つまり不気味なものは崩壊の経験と密接な関わりがある。ヴィドラーによれば、フロイトに先行して「安全な住居」が崩れていくという経験を文化的な側面から描こうとした初期の試みには、たとえば内壁に囲い込まれたブルジョワ的な住居が安心できないものとなる状況を描いた探偵小説家たちや、都市における浮浪・遊歩経験を捉えようとした詩人や文学者たちによるものがある。フロイトが生きていたのは、「不気味なものの場所が住居や都市だけにとどまらずに、塹壕の間の無人地帯や爆撃後の廃墟へと広がっていった」時代なのであった[1]（Vidler 1992: 7）。

ヴィドラーを通して「不気味なもの」論文を考えると、そこに書きこまれているのは、ヨーロッパの危機的状況のさなかにおいて、その場に居ながら生活の基盤や前提条件が変わっていってしまう、その結果として馴染んだ生活環境が異なる相貌をみせる経験だと考えることができる。こうした経験はまずは芸術家たちに受け止められていた（Vidler 1992: 8）。ヴィドラーは参照してはいないが、たとえば一九一五年に「いまの時代と社会を、その現実の名称で呼ばないよう気をつけねばならない。悪夢をつき抜けるようにそこを通りすぎてゆかねばならない」と日記に書きつけ、「時代からの逃走」を企図したフーゴ・バルはたしかにフロイトの同時代人であったと言えるだろう（Bal 1927=1975: 65）。

ただし、不気味なものをめぐる社会科学的な問題関心からすれば、フロイトの先行者としてさらに二人の人物が挙げられるべきである。ゲオルク・ジンメルとカール・マルクスである。たとえばある街に入ってきた余所者たちは従来からその街で暮らす人々にとってどのようなものだろうか。ヴィドラーは別所で次のように述べている。

［1］Vidler（1992）の訳文は、大島哲蔵・道家洋による既訳（一九九八）を参考にした。

「余所者において」、ジンメルはこう書き出して、次のように結論付けたのである、「あらゆる人間関係に見られる近接性と疎遠性がまとめられているのである」。これは次のように言い換えることができる、すなわち、余所者について言うと、「へだたりとは、すぐ近くにいる者は遠いという意味であり、よそよそしさとは、遠いものは実際には近いという意味である」。どうやらここでジンメルは、アンキャニーという用語によって知られている疎隔の一形式に関するフロイトの考察を先取りしていたのである。そこでは、親しいものと親しくないもの——「ダス・ハイムリッヒ」と「ダス・ウンハイムリッヒ」——の関係は曖昧になり、互いに融合しているのである。（Vidler 2000=2006: 128、傍点筆者）

一義的なカテゴライズに馴染まず、落ち着くことができず、正反対の特徴を同時に帯びている存在をジンメルは捉えようとしていた。ここで言われる「疎隔（estrangement）」は、マルクスにおいて徹底的な考察を加えられていた。マルクスが生きた時代にはすでに、「「ホーム」はせいぜい一時的な幻影と化してしまった」（Vidler 1992: 5、傍点筆者）。実際マルクスは『経済学・哲学草稿』で次のように書いている。その一部はヴィドラーも引用するところである。

人間は穴ぐら住まいなどに舞いもどってしまうが、ただし、疎外された敵意ある形態のもとでそれに舞いもどる。〔…〕ところが貧乏人の地下室住まいは、「疎遠な力を帯びており、それに血の汗をささげるかぎりでしかあたえられないのだから」、敵対的な住まいである。貧乏人はその住まいを

——ここそ我が家だとついに言えるような——自分の故郷とみなすことが許されず、むしろ毎日待ち伏せされていて、家賃を払わなければそこから追いだされるような他人の家に、疎遠な家に住んでいる。（Marx 1968=2005: 413）

居心地のよいはずの「ホーム」が成り立たず、いつ追い出されるともしれない「疎遠な」、さらには「敵対的な」仮住まいでしかなくなる。ここまでで明らかなように、要するにヴィドラーは不気味なものを故郷喪失（homelessness）、すなわち安住の地＝ホームの喪失をめぐる問題と接続させて考えようとしている。この文脈では自国にいるはずが異邦人になってしまう、社会のなかにいるという安心感を持っていたはずが、いつしか寄る辺のない不安を抱えてしまう経験において不気味なものは立ち現われると考えられている。

ヴィドラーの議論を通してフロイトについていえば、彼に不気味なものを到来させたのは、西洋文明が抑え込んだことにしていたはずの野蛮と暴力の回帰であった。野蛮は克服され（あるいは隠され）、暴力は局地的に、少なくともヨーロッパ全体を飲み込むことのないように封じ込められていたはずであった。ある歴史家は「一九一四年以前は、ヨーロッパの大部分が相対的な法の安寧と安定を市民に提供しており、そのことに矜持を抱いていた」と指摘している（Gerwarth 2016=2019: 361）。しかし今や野蛮と暴力は溢れ出て、「塹壕の間の無人地帯」や「爆撃後の廃墟」の姿をホームに潜在するものとしていた。

こうしてホームは無人地帯や廃墟と重なり合う。ホームには破滅や暴力の予感が充満するだろう。フロイトの伝記のひとつがこの予感を書き留めている。「じつのところ戦乱のはじめの数カ月は、フロイトも好戦的な気分でドイツが勝つと確信していたが、戦争が長びく殺戮戦になり、自分が暮らす世界を根底からいっきょにくつがえすかもしれないと理解するようになった」(Roudinesco 2014=2018: 204)。ここに「不気味なもの」論文が背景に持つリアリティがある。そこに書き込まれていたのは、「自分が暮らす世界」が根底からひっくり返るかもしれないという不安であった。ヴィドラーにおけるフロイトにとって不気味なものとは、破綻の予感とともにある「自分の家にいながら安住できない(not being at home in one's own home)」経験なのである(Vidler 1992: 4)。たしかに書き手の感情がテキストに反映されているという素朴にすぎる読解ではあろう。ただし本書の関心における限りでは、得るものは大きい。

四　不気味なものの社会科学へ

アンソニー・ヴィドラーの着想は、地理学者のマリア・カイカによって社会科学の領域に移し替えることが試みられた。カイカはホームを近代的な住まい、すなわち外界から隔てられ、囲い込まれた私的な住居と捉え、どういう条件が人の住まいを居心地の良い、落ち着けるものとしているのか考察する。

カイカによれば、その条件とは忘却に他ならない。住まいは「外部」の無秩序や不平等とは隔てられたものとして想像される。また、住まいを成り立たせるインフラストラクチャーは清浄な水や空気を「内側」へと届け、私たちはそれを当たり前だと思っている。何らかのかたちで人は住まいの「内側」に入るべきものと入るべきでないものをフィルタリングしているし、それが十全にうまくいっているわけでもないが、そのことを忘却しているのである。

カイカは住まいの「内側」に入れるものの取捨選択や加工をコントロールと呼んでいる（Kaika 2004: 272, 279）。住まいとは身近にある物事の挙動の予期可能性を維持しようとする体制であるといってよい。コントロールによって人や事物の動きは予期可能なものになるとされる。ところが、不気味なものは人や物質をコントロールする力が弱まったり、喪失したりしたときに経験されることになる。食卓でパートナーは他人のような顔をしてにわかに理解できないことを言い出すかもしれない。あるいは、お風呂の蛇口の水からかすかに腐敗臭がしていることに気づくかもしれない。ある人にとっての居心地の良いホームだったはずの場所は、他の人にとってもホームだったとは限らないし、ホームの内と外は完全に切断できるものでもない。こうして、いったん危機が住まいへ訪れると、住まいの「内部」にも看過できない無秩序や、ジェンダーや年齢などに基づく不平等が潜在していたことが明らかになる。また、清浄な水などの生活資源を生産していた長大なネットワークの存在が意識にのぼってくる（Kaika 2004: 274-6）。こうして住まいを落ち着けるものとしていた「隠れていた要素が思いもかけず表に現れ、馴染み深いものが普段とは異なる動きをする」とき、不気味なものが現れるとカイカはいう（Kaika 2004: 276）。

カイカはこういった不気味なものの経験を政治的な解放へと結びつけようとする。すなわち、不気味なものが、問題含みの近代的な住まいの自明視と、自分だけが良ければ他はどうでもよいといった態度から人々を解放し、より公共的なアクションへと導くかもしれないと議論するのである（Kaika 2004: 283）。現代的にいえば、「気づき」や「学び」を得るといったところである。しかし、これはどうだろうか。

不気味なものが政治的な解放力を持つかどうかは慎重に検討すべき論点である。逆にコントロールの一層の強化による近代的住まいの補強へと人々を導くことも十分にあり得る。居心地の良さを再び獲得するために、他者を排除したり、抑圧したりすることもあるはずである。そして、もちろん、そうしないこともあり得る。ここで重要なのは、不気味なものを前にして人々はそうすることもあり得るし、そうしないこともあり得る状態に置かれるであろうということである。つまり人々は引き裂かれつつ「まごつく」。カイカのように解放へ一足飛びに向かうよりも、まずは不気味なものが生み出すこの「まごつき」にこそ注目すべきではあるまいか。

それから、概念上の不満もある。カイカにとっての不気味なものが意味するところは、単に慣れ親しんだものがそうでなくなった、疎遠なものとなったといった感覚とさほど変わるものではない。そうであってみれば、概念としてはたとえば疎隔（estrangement）を用いればよいということになる。カイカの概念設定では、ヴィドラーが指摘していた破綻の予感や、そもそも出発点としてあった慣れ親しんだものとそうでないものの二重性をうまく捉えられていないのである。

五　ホームの集成と不気味なもの

マリア・カイカの議論は、不気味なものを社会科学の領域に導入したという点で大きな成果を上げた。一方その問題は、人間が出会うのはホームが破綻した結果に過ぎないとすることにある。ヴィドラーやフロイトの議論を踏まえれば、人間は慣れ親しんだホームの只中で破綻の予感と出会うのであって、ホームがそうでないものとして破綻した結果に直面して初めて不気味なものを経験するのではない。であるからこそ慣れ親しんだものとそうでないものの二重性が強調されてきた。

カイカの議論は、ホームを構築されるものとして捉える枠組みによって規定されている。カイカは構成的外部としての他者を設定し、スクリーニングし、境界を確定することを構築とする。実際にカイカは「家庭という領域における慣れ親しんだ感じの構築（construction）」（Kaika 2004: 276）といった表現を用いている。ところが構築という語では、構築されたものへの日々の（暴力を含む）メンテナンスやケアへの認識は後景に退いてしまう。構築は特権化された一回性の出来事であり、その破綻は、インフラの明確な不具合といった出来事によって表現される。そこには破綻の予感をしっかりと捉える枠組みは形作られにくい。おそらく不気味なものは出来事未満のものからですら始まるはずなのである。

この問題を解決するにあたっては、哲学者のイアン・ブキャナンの議論が参考になる。カイカは、ホームを人やモノの集成として捉えていた。ブキャナンもそのように考える。ただし、ホームを見るにあたって、一度の構築があってそれを特権視するというのではなく、ホームはその住人に絶えず集成し続けられるものという見方を採る。

ブキャナンの議論を追ってみよう。ブキャナンが前提とするのは、人間はカオスのなかを生きるわけにはいかないので、モノや人、表象などを組み合わせてテリトリーを集成すべく日々繰り返し試みつづけているという発想である（Buchanan 2021: 85）。とりわけ、人々に安心感を与える、モノや人、表象の集成[2]（assemblage）としてのテリトリーのことをブキャナンはホームと呼ぶ（Buchanan 2021: 95）。このときのホームは個人の住居において生み出されるテリトリーのみならず、いわゆる集落や地域に立ち現れるそれらを含む。すでに日本の都市社会学においては、祐成保志がホームを「身体が空間の内に住まう、あるいは空間を飼いならすことによって生まれるテリトリー」と定義している（祐成 二〇一三：七一）。この定義をブキャナンの議論の文脈で読みたい。すなわち、空間を飼いならすとは安住できるテリトリーの構成要素を集成する営みのことだと考える。

こうした視点においては、ホームは構築されてほぼ終わりなのではなく、日々集成しなおされ、作動させせられているものとみなすことになる。ホームはどんなときも存在するというよりは、人間が安心したい、安穏な生活を営みたいという欲望を流し込んで初めて作動する回路のようなものといえる。その都度、その都度、ホームは立ち現れるのである。ホームでの安心感は、モノや人、表象が、期待された通りにメンテナンスされ、生きられているということで持つことができる。そこでは道具の置き場所を調整したり、同居人の予定を確認したり、敷地から木の枝がはみ出ないようにしたり、あるいは近隣住民と取り決めを確認したり、見回りをしたり、草刈りをしたり、獣害防止柵を修繕したり、と無数の作業が展開されている。その作業のなかで人々は安心感を持ち、自身のテリトリーが予期された通りに作動するように確認し、ケアしながら調整していくというわけである。むろんここには、異物性や危険性を抑え込んだり、隠したり、飼いならすことも含まれる。

このようなホームへのアプローチを踏まえて不気味なものを再び考えてみよう。カイカと同じく、不気味なものを到来させるのはやはりホームにおける何らかの不具合ということになろう。ブキャナンの議論においてその不具合とは、ホームの集成とその作動の失敗ということになる。テリトリーやテリトリーを作動させる人間のなかへこれまでにない要素が入ってきたり、あるいはそれらから要素が脱落したりすることで、モノ・人・表象が予期されたとおりに集成されず、作動させられなくなる。あるいは集成と作動を繰り返すことそれ自体がモノ・動植物・人・表象の集成のあり方に変化をもたらすことがあるだろう。

このときテリトリーに予期されたものと作動させられたものとのズレが現れ、違和感が生じるようになるだろう。ただそれでもすぐにホームへの期待が捨てられることはあるまい。アメリア・デファルコは「私たちが不気味なものを経験するのは、記憶に基づく期待が動揺させられたときである」と述べる（DeFalco 2010: 9）。これは身体について述べられたものだが、ホームについても参考にすることができる。これまでホームを繰り返し作動させてきた記憶は、違和感にもかかわらずこれまでどおりのホームを集成し、作動させることを人々に促す。それでも繰り返される違和はやがてこれまでのホームの集成と作動の仕方がうまく機能しないのではないかという不安につながるはずである。このときこの不安は自身に安心感をもたらすものが破綻しつつあるのではないかという予感になるだろう。ここにおいて、慣れ親しんだものとそうでないものが交錯することになる。すなわち、ホームに生きながらホームにいないような二重性の経験である。

要するに、ホームが予期しない動きや相貌をみせつつも、それでも人々がこれまでどおりのホームに

---

［2］集成＝アッサンブラージュの一般的な定義としては、地理学者のエデン・キンケイドが「アッサンブラージュとは異なる実在が寄り集まり、関係を作り、仮設的な「全体」のように作動していくプロセスたちのことを指す」と要約している（Kinkaid 2020: 458-9）。ドゥルーズとガタリの着想を踏まえて、これまで主にマヌエル・デランダやジェーン・ベネットがアッサンブラージュの理論化を試みてきた（DeLanda 2006=2015, 2016; Bennett 2010）。彼らの試みについて、ブキャナンは既存のアッサンブラージュ論は、モノ・人・表象の組合せを単なる自動化されたシステムと大差ないものにしてしまうものだとして厳しく批判している（Buchanan 2021: 56）。ブキャナンはアッサンブラージュを人間の欲望の表現であり欲望の形そのものだと考える。これを彼はドゥルーズとガタリの真正な読みだとしているが、その判定は筆者の力量を超える。

生きようとするとき、不気味なものが出現するといえるのではないか。不気味なものの経験は人々に様々な試みを行うように促すだろう。第一に、ホームを取り戻そうとする動きがあるだろう。テリトリーが期待どおりに作動するように再びコントロールしていこうとするものである。これには暴力的な動きを伴うだろう。スケープゴートや違和感の正体を穴埋めするための陰謀論が作り上げられるかもしれない。第二に、違和感を無視しホームは依然としてホームとして作動しているとする欺瞞を作り上げる作業がありそうである。ある場合においては、声の大きいものによって、小さな違和感の申し立ては抑圧されていくだろう。あるいは別の場合では、ホームにあるかのように生きなくては生きられないということもあるだろう。第三に、ホームのこれまでの集成と作動の仕方から降りるという試みもあり得る。それはこれまでのやり方がもはや維持可能ではないという確認から生み出されるかもしれないし、これまでのやり方が許容可能ではないという判断からかもしれない。後者の場合は、不気味なものとは特権的な立場や特権を自覚する経験ということになるだろう。これはマリア・カイカによる先の指摘に通じるものである。いずれにせよ、これらの試みは平坦に進むものではなく数々の挫折や失敗から生み出される実践となるだろう。

こうした試みは、個人においても集団においても同時に入り乱れながらなされていくに違いない。このような不気味なものをめぐってなされるてんやわんやの「まごつき」こそ、本書が視野に収めようとしているものなのである。

【引用・参考文献】

姜竣、二〇〇七、『紙芝居と〈不気味なもの〉たちの近代』青弓社

祐成保志、二〇一三、「ハウジングとホーム」中筋直哉・五十嵐泰正編『よくわかる都市社会学』ミネルヴァ書房、七〇-七一頁

Bal, Hugo, 1927, *Die Flucht aus der Zeit*, München: Verlag Duncker und Humblot（＝一九七五、土肥美夫・近藤公一訳『時代からの逃走――ダダ創立者の日記』みすず書房）

Bennett, Jane, 2010, *Vibrant Matter: A Political Ecology of Things*, Durham: Duke University Press.

Buchanan, Ian, 2021, *Assemblage Theory and Method*, London: Bloomsbury Academic.

Coulombe, Makime, 2012, *Petite philosophie du zombie*, Paris: Presses Universitaires de France/ Humensis（＝二〇一九、武田宙也・福田安佐子訳『ゾンビの小哲学――ホラーを通していかに思考するか』人文書院）

DeFalco, Amelia, 2010, *Uncanny Subjects: Aging in Contemporary Narrative*, Columbus: Ohio University Press.

DeLanda, Manuel, 2006, *A New Philosophy of Society: Assemblage Theory and Social Complexity*, London: Continuum.（＝二〇一五、篠原雅武訳『社会の新たな哲学――集合体、潜在性、創発』人文書院）

DeLanda, Manuel, 2016, *Assemblage Theory*, Edinburgh: Edinburgh University Press.

Foster, Hal, 1993, *Compulsive Beauty*, Cambridge, MIT Press.

Freud, Sigmund, 1947, *Gesammelte Werke: XII: Werke aus den Jahren 1917-1920*, London: Imago Publishing（＝二〇一一、中山元訳『ドストエフスキーと父親殺し／不気味なもの』光文社）

Gerwarth, Robert, 2016, *The Vanquished: Why the First World War Failed to End, 1917-1923*, Bristol: Allen Lane.（＝二〇一九、小原淳訳『敗北者たち――第一次世界大戦はなぜ終わり損ねたのか　１９１７-１９２３』みすず書房）

Gordon, Avery F., 2008, *Ghostly Matters: Haunting and the Sociological Imagination*, Minneapolis: University of

Minnesota Press.
Jay, Martin, 1995, The Uncanny Nineties, *Salmagundi*, 108: 20–9.
Kaika, Maria, 2004, Interrogating the Geographies of the Familiar: Domesticating Nature and Constructing the Autonomy of the Modern Home, *International Journal of Urban and Regional Research*, 28(2): 265–86.
Kinkaid, Eden, 2020, Can Assemblage Think Difference?: A Feminist Critique of Assemblage Geographies, *Progress in Human Geography*, 44(3): 457–72.
Kristeva, Julia, 1988, *Étrangers à nous-mêmes*, Paris: Fayard.（＝一九九〇、池田和子訳『外国人――我らの内なるもの』法政大学出版局）
Lepselter, Susan, 2016, *The Resonance of Unseen Things: Poetics, Power, Captivity, and UFOs in the American Uncanny*, Ann Arbor: The University of Michigan Press.
Marx, Karl, 1968, *Karl Marx/ Friedlich Engels Werke, Band 40*, Berlin: Dietz Verlag.（＝二〇〇五、中山元・三島憲一・徳永恂・村岡晋一訳『マルクス・コレクションI』筑摩書房）
Masschelein, Anneleen, 2011, *The Unconcept: The Freudian Uncanny in Late-Twentieth-Century Theory*, New York: State University of New York Press.
Roudinesco, Élisabeth, 2014, *Sigmund Freud: En son temps et dans le nôtre*, Paris: Éditions du Seuil.（＝二〇一八、藤野邦夫訳『ジークムント・フロイト伝――同時代のフロイト、現代のフロイト』講談社）
Royle, Nicholas, 2003, *The Uncanny*, Manchester: Manchester University Press.
Sontag, Susan, 1977, *Illness as Metaphor*, New York: Farrar, Straus & Giroux.（＝一九九二、富山太佳夫訳『隠喩としての病い――エイズとその隠喩』みすず書房）
Vidler, Anthony, 1992, *The Architectural Uncanny: Essays in the Modern Unhomely*, Cambridge: MIT Press.（＝一九九八、大島哲蔵・道家洋訳『不気味な建築』鹿島出版会）

Vidler, Anthony, 2000, *Warped Space: Art, Architecture, and Anxiety in Modern Culture*, Cambridge: MIT Press.（＝二〇〇六、中村敏男訳『歪んだ建築空間――現代文化と不安の表象』青土社）

終章

まごつきながら反芻すること

地域活性化ではなく地域社会を考えるために

渡邉悟史

実習引率中に出会ったヌートリアの死体（筆者撮影・加工あり）。農村では、どんなに急かされようと、まずは出会ったものの前でじっと立ち止まりたい。ヌートリアは在来の生態系に与える負の影響が大きく懸念される侵略的な外来種であり、防除計画が随所で立てられている。大事なのは、外来種駆除の重要性を認識したうえで、あるいは「共存」という言葉の魅力に引き込まれたとしても、それでもなお立ち止まることである。どのような力学や経緯によって、このヌートリアはここで死んだのか、そして自分はここにいるのか。何かにつながることがなかったとしても、出会いそのものについてわだかまりのような問いを持ち続けたい。

卒業論文に取り組む学生がうなっていた。彼は島根県のかつて暮らしたことのある町でフィールドワークを行っており、その町についての資料と睨めっこしていた。それは別の調査者が作ったという、町の未来をシミュレーションした複数のシナリオの一覧だった。そこでは関係人口を増やすシナリオを採らないと町は衰退する一方だと警告されていた。起死回生のためには、このシナリオしかないのだという。彼はこの枠組みの魅力を否定できないながら、首をひねって、「そうなのかな……何かこういうのって違う気がするんですよ……」とつぶやく。そこには、うまく言葉にできないもどかしさが含まれていた。このもどかしさは筆者たちとも無縁ではない。やはり違う気がするのである。本書はこのもどかしさを少しでも解きほぐしてみたいというところから生まれた試みでもある。

関係人口の次にはどんなキーワードが持ち出されるのだろうか。地域活性化——最近は「化」がはずれて地域活性とよぶこともあるらしい——という可変性の高い概念を追いかければこういった感慨、あるいは嘆息とは無縁ではいられない。現状を衰退に向かうものと断罪し、逆転のために何らかの施策を取り続けることをひたすら促す地域活性化フレームの問題は序章ですでに述べた[1]。地域活性化フレームがしたたかなのは、常に対策を今こそとらねばならないという緊急性を言い連ね、その処方箋なるものに新しさを装わせるからである。そしてそれは現状を常に努力不足、工夫不足としてあげつらっていく。

といっても本書は、日本の地域社会に解決すべき政策課題はないとか、幸せな諦めを生きようといったことを主張しようとしているわけではない。そうではなく筆者たちが採ったのは、地域活性化フレームに捕捉される以前へ政策課題を茹で戻し、課題が課題になる前の「まごつき」を捉えることで問題を捕まえなおそうという道であった。そうするほうがいろいろな試行錯誤がみえるからである。そして息苦しくなく、自由であるし、何より楽しいからである。世の中でいわれる課題の解決に奉仕するのも学問にとって重要であることはかろうじて同意するところながら、学問とは世の中の流れとは異なる場を確保しようとする営みでもなかったか。

今回は補助線として不気味なものという概念を導入してみた。馴染みのあるものが馴染みのないものとして出現する。ホームのはずなのに、何かがおかしい、よくないことが起こりそうな気がする。現代日本の農村住民は、挙動の予期やコントロールが難しい状況を前提に、生活を組み立てていかなくてはならない。この状況は、獣害や、人の手を離れ独自の経年変化をする空き家や道路などのインフラの劣化、移住者や観光・レクリエーション利用者との軋轢などの形で政策課題として把握される。既存の農村社会学・地域社会学を中心とした日本の農村研究は、こうした居住経験を横断的に把握し、理解するための枠組みを準備してきたとはいいがたい。本書が不気味なものという概念を導入したのは、何よりもまず今日の居住経験を問題とするためであった。第五章で検討したように、人々の居住は人・モノ・動植物・表象の集成とその作動により成立している。不気味なものは、人間が安全で快適な居住を維持するために行う作業の破綻を予感させる。

第五章でマリア・カイカの議論について批判的に触れたが、二〇〇〇年代はじめにはまだ不気味なものの解放力について正面から述べることができたようである。すなわち、不気味なものはホームの集

［1］　地域活性化フレームへのより詳細な批判的検討としては、「批判的活性化研究」（渡邉 二〇一四：一六）とよぶことのできる一群の研究を参照されたい（中田 二〇〇一；原山 二〇〇五、二〇〇九；渡邉 二〇一四；芦田 二〇一八）。

成と作動が失敗していることを人々に示唆するだろう。そして、どのようにホームが崩れようとしているのか、そもそもどのようにホームが成り立っていたのか、成り立っていたとされていたのか、もしくは結局成り立っていなかったのかといったことを人々へ突きつける。となれば、不気味なものによってホームのあり方、作動のさせ方を抜本的に見直す契機を手にすることができるのではないか。

ところが事態はそれほど楽観的なものではない。第四章で明らかになったのは、不気味なものの出現を先回りしてその芽を摘み取ろうとする技術と装置である。政策的に移住を促した結果、馴染みの地域へ見知らぬ人が入ってくることになる。そこには葛藤や軋轢を伴うこともあって当然だろう。ところが政策主体は、「失敗」を避けるべくありとあらゆるかたちで不確実性や不穏さを排除し、抑え込もうとする。求められているのは人間ではなく、「知恵」や「資金」を提供する人材だからである。そこで生み出されるのが予期された通りに動く移住者を選抜し、加工していく手の込んだ政策パッケージである。そうして選抜された人々に「理想の移住者」を演じるよう様々な形で働きかけていく。もしそれがうまくいかなければ政策的な働きかけやマッチングの努力が足りなかったということになるのである。「失敗」は政策的関心の挫折としては機能せず、定着せず、つぎの「成功」のための素材としてしか用いられない。

第四章の最後では、地元住民による「どうせ、すぐいなくなっちゃうんでしょ」という言葉への苦みを伴った、移住者による解釈が触れられている。この解釈は両義的である。移住者からすれば自分たちが「理想の移住者」や「人材」でないとするならば何なのかということを地元住民たちと交流し、熟考する回路がふさがれているということでもあるだろう。一方で地元住民の割り切った態度によって「理想の移住者」という看板を下ろすことが一時的にでもできるということでもある。そこには政策パッケージからはみ出る経験がねじれたかたちで表れている。

第一章から第三章では、不気味なものに「まごつく」人々を正面から捉えようとした。慣れ親しんできた生活と生産の空間にコントロールの行使困難な状況が現れる。不気味なものを消すこともできず、もはやこれまでと同じように暮らせないかもしれないとしたらどうすればよいのだろうか。人々はどうしているのだろうか。あるいは何をしないでいるのだろうか。

現場における「まごつき」を大事にするというスタンスは危うい立場でもある。「まごつき」とその可能性の強調は、創造的な自助努力の称揚へと結びつきかねないだろう。未発の可能性の検討という道筋は、各人の創意工夫や創造性といったポジティブなものへと回収されかねないからである。そこでは再び認識と実践両面において地域活性化フレームへの回収がなされてしまうだろう。「まごつき」のなかに現れる実践が、確立された完成品というより試行錯誤を多分に含んだものだとしてもこの危険から逃れることはできまい。

それでも私たちがこの立場を採用するのは、「まごつき」への注目が日常生活において人々が直面する亀裂の性質をわずかなりとも指し示すだろうと考えるからである。人々は不気味なものの出現によって、ホームをこれまでと同じように作動させたいという欲望と、もはやそうはいかないだろうという諦念の間で引き裂かれることがある。その亀裂から生まれる人々の行動や活動が最終的に地域活性化フレームへとぬりつぶされてしまうとしても、亀裂をめぐってなされるあれやこれやのてんやわんやの「まごつき」に様々な回路が含まれているかもしれない。

グッドプラクティスや先進事例という言葉に代表されるように、地域社会の事例集的調査・研究では最終的に「なされたこと」への注目が第一にされがちである。けれども「なされたこと」は「なされたかもしれないこと」や「なしえなかったこと」との葛藤や妥協に満ちた過程を視野に入れてはじめてその意味や意義を理解できる。「まごつき」への着目は、個人が迷う瞬間に現れる、彼／彼女が生きるホームとその亀裂が彼／彼女に提供するとともに縛りつける生き方の振幅を捉えることを可能にするのではないか。私たちが持ったのはそういう期待である。したがって本書では何か一つの「なされたこと」を採り上げ、それが創造的であるかどうかは問題とはしなかったし、そもそも創造的かどうかを評価できるという立場を採るようなこともしなかった。

第三章が検討するのは、相互に対話する場は機能不全であり、対話ができたとしても相互理解が生まれるかは疑わしい状況である。使い慣れた道に見慣れない車が止まって進行を妨害していたり、自身の土地に見ず知らずの人物が入った痕跡が残ったりしている。観光と従来の産業を組み合わせてシナジーやウィンウィンの状況を生み出すというかたちも想像しづらい。地域活性化フレームからすれば課題解決に「失敗」した事例とされるだろうし、工夫が足りないとすら言われかねないだろう。それでも人々は生きていかなくてはならない。そこで生まれるやり方はピンチをチャンスとして状況を生産的に利用しつくす発想とも、お行儀のよい棲み分けとも無縁のやり方にならざるを得ないだろう。そこで息づくのは、困るという単純な身振りである。コントロールのできない厄介な状況を前に困る。困りごとは解消される見込みは当面ない。不満もたまるし、悪口も言うことだろう。だが、ときとして住民は「わかるにはわかるんだよ」と、今一つ共感にもならないかたちで「厄介者」の相貌を多面的に見ようとする。そこから即座に態度を決めるわけではなく、行動に移すわけではなく、状況を慎重に読む姿勢が生まれる。

不気味なものをもたらすのは人間だけではない。第二章が検討したのはホームのまさに主要な構成要素である家屋である。空き家がまず指し示すのは、居住するとは人々が家屋と事物のつながりのあり方をメンテナンスすることであるということに他ならない。人々が構成要素から脱落した家屋は途端に雑草や竹、獣、カビとの独自のつながりを求め始める。この動きはインフラストラクチャーの劣化と形容するよりも、変異とよぶ方がよいかもしれない。変異した家屋を「除却」や「利活用」といったかたちに持っていくことができない状況で行われていたのは、空き家をきっかけとした生活の点検ともいえるものであった。祭祀のあり方、独居高齢世帯とのつながり、そして「形のないもの」へと空き家を起点として思いを巡らせば、ケアすべき物事のリストはどんどん長くなっていく。現状維持は容易ではないという認識とともにあるのは、現状の再編成の実践でもある。それはもしかしたら新しいホームが立ち現れる道に続くのかもしれない。少なくともそこには人口増加とは異なるシナリオが生まれつつある。

第一章が試みたのは、変異する里山との付き合い方のバリエーションを複数の地域を巡りながら明らかにすることであった。ヤマビルという厄介な存在が居住空間に潜むことによって安住の地は切り詰められる。人間の世界とヤマビルの世界は重なってしまった。このときホームを生きるということは、他種のホームを生きることでもあるということが流血によって生々しく突きつけられる。共存は容易に構想できない。ヤマビルは簡単に排除できるものではなく、人々に行動の制約を迫る。このとき人々はこの制約をふるまい方や身体、感情、記憶を再考し、再組織化する契機として受け止めることもある。その作業は同時にヤマビルの見方を多面化することでもあった。それはときに地域活性化フレームと近接していくこともあるが、同時に地域活性化フレームをあくまで生活点検の手段の一つとみなして一定の距離を保とうとすることにもつながっていた。

以上の探求が示唆するのは、何よりもまず、実際の現場では不気味なものに対して複雑な作業が行われているという単純すぎるほど単純な知見であろう。出発点として置いた「まごつき」自体の重要性である。ホームがホームとして作動しない、あるいは他者のホームと重なっている状況に気づいたとき、人はまごつく。ここでなされる数々の試みや判断の一時停止は、やりきれなさを伴いながら、状況を単純化せず、さまざまな相貌をあらわにさせるように人々に促す。「まごつき」とは状況の多元性や多面性に生活を貫かせることなのではないか。逆に地域活性化フレームとは状況の数々の相貌を抑圧するところから生まれるのではないか。

ジグムント・バウマンは、レヴィ＝ストロースに依拠して異物に対する二種の解決として「食人的」（取り込む）と「嘔吐的」（排除する）という区分を導入している（Bauman 1997: 18; 徳田 二〇二〇：一三八）。地域活性化フレームは役に立つものを食いつくし、そうでないものは排除していくような共食いする肉食獣になることを人々に求める。不気味なものを生み出す状況は、利活用可能な機会に加工されるか、さもなければ芽を摘み取られるか、遠ざけられなくてはならない。

本書の主張は、この喩にはもうひとつ「解決」のバージョンを付け加えてもよいのではないかというものである。すなわち、飲み下すことも吐き出すこともせず、食べ物が口腔と胃を行ったり来たりする「反芻」である。一連の肉食獣としての人間の喩に対して、私たちは咀嚼しつづけるという草食獣的な「解決」も考えておく必要があるのではないか。この場合は、最終的に胃の腑におさめるかどうかはわからない咀嚼である。不気味なものへの対処を考える際には、このレパートリーを考えておく必要があるのではないか。もちろんこの「解決」は、不気味なものを生み出している状況との相互交渉がもたらす試練に打ち克つような主体を要請するものではないし、何らかの明確な社会展望を切り開くものでもない。あるいは柔軟で回復力の充実したしなやかな担い手や共同性を喚起することにもつながらない。そうではなく、ただこの「解決」が私たちに考えることを促すのは、この時代が住みづらいとするならば、立ち止まって「反芻」することを阻まれているからではないかという疑問に他ならない。

あるいはまた、次のようにもあらためて主張したい。調査者が地域活性化フレームから逃れるためには、不気味なものへの感覚を避けるのではなく、より注視することが必要なのではないか。不気味なものをめぐって人々が行っていることを見つめると、次のように問いなおさざるを得ない。移住者がトラブルをもたらすかもしれないと恐れるのだとすれば、それは移住者をコントロール可能だと見なす虚構に生きているからではないのか。レクリエーション利用者とのウィンウィンを期待してしまうのは、いつでも人間同士話せばわかるはずだ、協働できるはずだという前提を置いているからではないのか。それが結果として状況を判断する視野を狭めているのではないか。空き家や害獣駆除と聞けばすぐに活用法へ頭を切り替えてしまうのは、身の回りのものはすべて資源として使いつくさなくてはならないという意識があるからではないか。ヤマビルが侵入者にみえるとすれば、ホームを集成しているのは人間だけという前提があるからではないか。あるいは単に共存すべき存在にみえるとすれば、ホームを集成し、作動させる営みに暴力はともなわないように錯覚しているからではないか。

人々が不気味なものをめぐって行っている「まごつき」はこうしたところから考えなおすことを調査

者に促す。正解が決まったところからではなく、もう一度ここから始めたい。何らかの状況を即座に解決すべき課題が浮上しているものとしないこと、すべての軋轢を何らかの対話や共感で解消可能なものとしないこと、厄介な存在をすぐに資源化しようとしないこと、あるいは除去しようとしないこと、共存をすぐに唱えないこと、それよりもまず自分自身が当然だと思っている地域社会のイメージをよく見つめ、問いなおすことである。もし調査対象の人々も同じように問いなおしているとするならば、それまでこのように問うことなしに済ますことができたのはなぜなのかを考えるのもよいだろう。

このようにいうと、この議論には先がないと返されるかもしれない。これに対しては、何をどうすべきかにすぐ向かうよりも、不気味なものを前にしてどのような「反芻」がなされているのか、そして何がなされていないのかを考えた方が息苦しくなく、もっと自由で楽しいはずだと繰り返したい。その方が人々の引き裂かれながら展開される生き方の多彩さが目に入るし、何よりその意義を一面的に断じなくて済む。

それでも依然として、では何をどうすればよいのかという「現場」の切実な悩みに答えていないではないかとも言われそうである。これについては、その「現場」の構成のされ方こそを問いなおすべきだと言いたい。たしかにのっぴきならない政策課題に直面するのがある一つの「現場」のリアリティであろう。ただし、のっぴきならない政策課題に直面する「現場」に地域社会を一面的に還元しようとするのがまさに地域活性化フレームなのではないか。

繰り返すと、日本の地域社会を研究するというのは、日本の地域社会の政策課題の解決を考えることと同義ではない。地域社会を考えることは地域活性化を考えることと同義ではないし、同義であってはならない。取りこぼしてしまうことが多すぎる。地域社会で考えるべきことはもっとあると、不気味なものは教えてくれる。

【引用・参考文献】

芦田裕介、二〇一八、「等身大の地域社会――「地域活性化」がみえなくするもの」川端浩平・安藤丈将編『サイレント・マジョリティとは誰か――フィールドから学ぶ地域社会学』ナカニシヤ出版、四三-六一頁
徳田剛、二〇二〇、『よそ者／ストレンジャーの社会学』晃洋書房
中田英樹、二〇〇一、「開発理論としての《活性化》言説の構造分析試論――言説空間において住民はどのように主体たり得ているか」『村落社会研究ジャーナル』七(二)：一-一二
原山浩介、二〇〇五、「「地域活性化」言説における多重な消費の構造――優良事例として消費される農村」『村落社会研究ジャーナル』四一：一六-九五
原山浩介、二〇〇九、「農村社会を規定する「多様性」の政治」平野敏政編『家族・都市・村落生活の近現代』慶應義塾大学出版会、一九一-二一四
渡邉悟史、二〇一四、「中山間地域における歴史実践とその問題――経済成長と集落の変容の位置づけをめぐって」『村落社会研究ジャーナル』二一(一)：一四-二五
Bauman, Zygmunt, 1997, *Postmodernity and its Discontents*, Cambridge: Polity Press.

本書をお使いの先生方へ

一　はじめに

本書は地域社会や地域政策を学ぶ学生に、地域社会の一筋縄ではいかない複雑さに立ち向かう知的体力を養ってもらうことを狙いの一つとしています。したがって、以下に本書を用いた授業のアイデア等を掲載いたします。

本書全体としては次のような科目で活用されることを企図しています。

①地域社会学や農村社会学などの講義

何らかの基礎知識を提供する教材というよりは、学生に「謎」や「もやもや」を抱え込んでもらうための素材としてお使いください。本書の筆者たちは、地域社会におけるわかりやすく見えるもののわかりにくさを体感し、自身が持つ世界を測るための物差しは、世界に対して常に小さいのではないかという畏れを学生に持ってほしいと思って書きました。

②地域社会に関する調査・実習

質的調査を中心とする調査系科目においては、実査計画を立てるためのウォーミングアップとしてお使いください。地域貢献系・課題解決系の実習科目においては事前学習課題としてぜひお使いください。前者においては質問を練る際に知らず知らず前提としがちな「地域活性化フレーム」を意識することで、視野を広げることに役立ちます。後者においても活動の意義を再検討し、自覚的に行動を組み立てる機会を学生に与えることになるでしょう。

③演習・ゼミナール

輪読あるいはケース教材としてご活用ください。とりわけ第五章における理論的な議論が、その他の章で描かれた現実を際立たせる補助線としてしっかりと機能しているかどうかを厳しく精査していただければと思っています。

二　授業のアイデア

以下では本書第一章から第四章までの授業アイデア等を各章執筆者が述べていきます。

第一章「ヤマビル」（渡邉）

ヤマビルを考えるのではなく、ヤマビルで考えることを目指したい。もちろん本章の記述にあるヤマビルの性質や分布拡大の経緯などの最低限の知識は確認しておきたい。それが日本の農林業や、マダニその他の「厄介な生物」の現況へ想像力が拡大することになればなおよい。それでも主眼はヤマビルについての知識伝授ではなく、ヤマビルについて考えることを通じて、人間と動物の関係という視点から地域社会を複眼的に眺める態度を涵養することや、自分の価値観を問いなおす機会を作る点にあろう。

授業案A（本書の記述を用いるもの）

一番のおすすめは、本章を通読してもらい、確認作業を行った後、ケース教材あるいはロールプレイ教材として用いることである。例えばヤマビルに関するイベントを行っているH氏の立場は学生にとっても考えやすい。「活性化はあくまで手段というH氏の狙いを維持したまま、ヤマビルに関するイベントをさらに考えるとすればどのようなものにしますか？　達成目標、プログラム、予算、人員配置の計画を立ててください」と問えば、学生たちは脳に汗をかいて思考をめぐらせるだろう。抗いがたい大きな政策的・社会的潮流に自身の理念をこっそり挿入することのおもしろさやいたずら心と、理念を維持し続けることの難しさを体感してもらえるとよい。あるいはT博士の立場を想定するのもおもしろい。例えば、「住民のパニックを沈め、薬剤散布を抑制しつつも、自社商品の宣伝を差し込むとしたらどのような説明会を企画しますか」という問いが立てられるだろう（実際はT博士が自社製品の宣伝に熱心というわけではない）。ポスターを作成してもらってもよい。今日ますます重要性の高まっているサイエンスコミュニケーションの力学について考える機会になるだろう。

授業案B（拡張した設定を用いるもの）

政策担当者の立場を想定するのも王道だろう。ヤマビル対策を積極的にしてほしいという住民もいれば、薬剤散布に対して忌避感を持つ人々や「ヒル採り」のように薬剤を使わない対策を実践する人々もいる。例えば地域の観光スポットにヤマビルが大量に出現し、その対応のあり方をめぐって人々の価値観の競合がみられたという場面を設定し、政策担当者としてどのように動くかを考えてもらうというやり方がある。

集落にとって文化財としても観光資源としても重要な、農業用水の水源地とその一帯を保存する活動を行っているグループがあるとしよう。想定するのは、水源地と水源地へ向かう山道にヤマビルが大量発生しているため、少量の駆除剤を試験的に散布したいと彼らが行政に相談してきたという場面である（実際にこのケースは存在する）。その相談窓口にあなたがいたら？と問いかけるのが面白いだろう。このケースにおいては、水源の汚染やヤマビル以外の動植物への負の影響、ヤマビル駆除に対する動物愛護の観点からの非難といったリスクと、ヤマビル被害への悩みをきれいに調停する原理は存在しない。それでも劇的な環境の変化がない限り、地域住民はヤマビルとヤマビル対策が生み出すリスクに関わり続けなくてはならない。こうしたことを前提として、相談窓口にいる人間には、どのように話を聞く姿勢が求められるだろうか。

さらに進んで、学生たちには対策のグランドデザインの作成を要求するのもよいし、薬剤散布の推進の可否に関する苦情対応の場面を作ってもよいだろう。妥協案・折衷案が目立つ場合には、果たして政策とは妥協の積み重ねの結果に過ぎないのだろうかと挑発することも可能である。駆除剤を実際に散布してみたら効き目が予想より低かったという事態（先述の例では実際に試験的な散布がなされ、このような事態となった。動物によるヤマビルの供給が著しい場合は十分起こり得る）や、ニホンジカの分布の拡大が見込まれるという設定（耕作放棄地の拡大など）をさらに追加していくのもよい。さらに、ヤマビルに対する意識調査のための質問票を作ってみるのも一考に値する。誰に意識調査をすべきか、ステークホルダーは誰なのかということをふくめ、様々な立場・考え方を想定するトレーニングになるからである。意識調査に加えて意思決定や合意形成のためにはさらにどのような情報や知識が必要かを考えてもらうことも冷静さの涵養や視野を広げることにつながるだろう。いずれにせよ、人間の期待通りにはいかないヤマビルをめぐる政治へ思いをはせたい。

もっと積極的に仮の設定を導入するのも興味深い。例えばキャンパスや自宅周辺、アルバイト先にヤマビルが出現したらという想定は、学生に具体的かつ実感のこもった思考を促すかもしれない。最近の大学キャンパスではスズメバチの巣ができても即座に撤去せず、囲いを作って人間側が刺激しないようにするという対応も見られる。そういった例を示しつつ、「課題解決」の幅をストレッチするのもよいだろう。あるいはキャンパスマップに、どこまでが「防衛線」かを考え、どの部分にヤマビルの「侵犯」を許容するか、しないのか、それはなぜなのかを書き込んで示してもらうというのもあり得る。意外と隣の人物が、同じキャンパスで違う世界を生きていることが明らかになったりするかもしれない。同じようなことは地域社会でも起こっている。

どの授業案においても重要なのは、取り上げた人物やその人物が住んだり活動したりしている地域に集中するのではなく、本章に登場する他の人物の考え方や他の地域の動きを視野に入れて考えることを強調することである。ちなみに、ヤマビルによる流血写真を教室で提示する場合は、見たくない人が見ないで済むような注意を払うことが必須である。

第二章「空き家」（芦田）

第二章を授業に用いる際に重要なのは、内容を通読したうえで、空き家について考えるだけでなく、「空き家を通して社会の問題を考える」という視点を身につけることである。大事なことは、空き家そのものから生じる問題だけでなく、空き家をきっかけに顕在化する地域社会の問題について考えるということだ。学生には、空き家をめぐる問題について拙速に課題解決のための結論を出すのではなく、当事者の立場に立って一筋縄ではいかない状況について悩み、考え、議論してみてほしい。

授業案A

空き家について安易に「除却」「利活用」といった判断を下すのでなく、空き家の背景に目を向けることが重要である。そのためには、以下のような課題に、学生が個人あるいはグループで取り組んでみるとよい。

①X集落の事例でみたような、集落で一番立派な屋敷が空き家になったのには、どのような経緯があったのかを想像、考察する。その家の人々はどうして出ていき、誰も戻ってこなかったのだろうか。あるいは、集落を取り巻く環境にはどのような変化があったのだろうか。いろいろな角度から考えてほしい。

②Y集落での事例から、空き家にならない、増加しないようなシナリオはありえたのか、ということを想像、考察する。特に、本文で取り上げた空き家を取り巻く三つの関係（「人と人の関係」「人と自然の

関係」「生者と死者の関係」）に注目して考えてほしい。

授業案B

空き家の対応に関しては、そこに関わる様々な主体（アクター）が存在し、異なる立場の関係者間で意見を調整することが容易ではないということを考慮する必要がある。最終的には、除却か利活用というような結論を出さざるをえないとしても、そこまでにどのような議論が行われるのかという過程を理解することの方が重要なのである。そのためには、実際にいくつかの立場に分かれて議論するロールプレイを実施するのが効果的である。ロールプレイを行う場合は、以下のような詳細な設定をするとよい。

【ロールプレイの設定について】

東京から離れた○○県の山間部に位置するZ集落において、二年以上誰も住んでいない一軒の空き家がある。築五〇年が過ぎて老朽化が進んでおり、地域住民としては何とかしてほしいのだが、所有者は東京にいるためほとんど帰ってこない。

①所有者（空き家の遠方に住んでいる）　相続の制度があるため、空き家維持の主体としてまず想定されるのが所有者である。生まれ育った家だが、大学進学・就職以降はずっと東京に住んでおり、仕事などが多忙で滅多に帰れない。両親が亡くなってからはさらに足が遠のいており、将来的に出身地付近に戻る予定もない。家に愛着がないわけではないが、現実的に自分で管理するのは難しい。年齢としては

四～五〇代くらいが想定しやすい。仕事、性別、家族構成（配偶者や子供の有無）などによって、右記の設定が同じでも状況はかなり変わってくる。

②家族・親族（空き家の近くに住んでいる）　所有者の家族・親族の空き家の維持・管理に関して重要な存在である。ただし、その関係性や構成、個々のライフコース、現在の居住地との距離や過去の居住経験の有無などによって空き家への対応は異なると考えられる。また、生者のみならず死者との関係まで含めて研究する必要がある。例えば、所有者の家族（兄弟）や親族（叔父叔母、伯父伯母など）が空き家の近くに住んでいるとして、居住地（徒歩圏内、車で三〇分、車で二時間程度など）、所有者と家族・親族との関係（付き合いが浅い・深い、仲が良いかなど）、家族・親族の仕事、性別、家族構成などを考えるとよいだろう。

③地域住民（空き家のある地域に住んでいる）　所有者と地域住民の関係によっては、空き家や周辺環境を維持・管理する存在になることも考えられるが、他者の家に関与しにくい場合が多い。また、空き家をめぐる意見の相違が所有者と地域住民の間、あるいは地域住民の間に亀裂を生じさせることも想定される。そのなかで、空き家にどのように対応し、関わるかを考えなければならない。「地域住民」と一口にいっても、いろいろな人がいる。空き家の近くに住んでいるか否か、高齢者か若者か、地域づくりに関心があるかないか、などなど様々な住民の設定を考え、異なる立場に分かれてみるとよい。

④自治体の空き家対策担当者（空き家のある自治体の職員）　空き家について議論する場合、忘れてはならないのは自治体の空き家対策に取り組む職員の立場を理解することである。そのためには、まずは自治体の状況について設定する必要がある。人口の規模や構成、産業構造、地理などを現実的に考えれば、人口減少や高齢化が進行し、主要産業が停滞し、地理的な条件にも恵まれているとはいえない場所が想定されるだろう。そうした自治体の職員は、地域の生活環境をよりよくしていくために、法律や条例にしたがって空き家を利活用あるいは除却するという選択を取ることになるだろう。しかし、私有財に行政が介入することは、ときに行政と空き家関係者の間で軋轢を生じさせる。関係者の意向を無視して話を進めることはできないため、関係者との調整が必要となる。

第三章「観光・レクリエーション利用者」（北島）

地域を多くの人にアピールするための観光プランや広告のデザイン、あるいはオーバーツーリズムに対処するためのテクノロジーや試みについては、すでに多くの実例が存在しており、インターネットや書籍を通じてある程度自分でも調べることができる。よって、社会科学系の学生がそれらを大学のなかで学ぶ必然性はない。あるいは、「よそ者による気づき」や「若者ならではの感性」を根拠に学生を観光プロジェクトに動員するのも、あまり感心しない。なぜなら、それはたぶん大学生でなくても間に合うからだ。というわけで、そういった「課題解決」に乗り出す前に、第三章を通読したうえで観光・レクリエーションについてもう少し根本的な問いに頭を悩ませてみよう。

授業案A

まず試みてほしいのは、観光・レクリエーションをめぐる社会の構造について深く考えるということだ。具体的には、以下のような問いについて議論してみよう。

①なぜ、私たちはこんなにも地域を「商品」として「売る」ことに注力するのだろうか。その背景にはどんな力や意識が働いているだろうか。それは肯定すべきものだろうか、否定すべきものだろうか。あるいは、仮にそのような力や意識が存在しなかったとしたら、私たちは地域をどうしたいだろうか。

②なぜ、似通った施設や産品やプランニング（「農産物直売所」や「古民家カフェ」や「SNS映えするスポット」など）が全国各地に存在しているのだろうか。それは肯定すべきことだろうか、否定すべきことだろうか。あるいは、そもそも「地域の個性」とは何だろうか。それは存在しえるものだろうか。

③観光・レクリエーションの推進に際しては、複雑で多面的な地域を「分かりやすく」・「魅力的に」伝えることがしばしば求められる。それは肯定すべきことだろうか、否定すべきことだろうか。あるいは、そもそも地域の人々や暮らしは「編集」したり「デザイン」したりできるものだろうか。

授業案B

もう一つ試みてほしいのは、観光・レクリエーションがときに生み出す厄介な状況について多角的に考えるということだ。具体的には、第三章の屈斜路湖周辺の事例を用いて以下のような問いについて議論してみよう。

①なぜ、釣り愛好者が農家にとって厄介な状況をもたらすことになったのだろうか。そのような状況が

生まれない歴史はありえただろうか。もしそうなら、どの段階で何がどうなれば良かっただろうか（三つ以上のifを考えること！）。
②水上バイク愛好者は、おそらく読者にとっても鼻持ちならない存在だろう。だが、なぜそのように思うのだろうか（例えば、なぜ農村の観光地は静かでのんびりとしていなければならないのだろうか）。あえて彼らを擁護する論理を考えてみよう。
③A氏は自らの生活を揺るがされながらも、なぜ「わかるにはわかるんだよ」と語るのだろうか。厄介な状況をもたらしているが排除も統制も対話もできない人間に対し、どのような向き合い方のレパートリーがあるか考えてみよう（三つ以上考えること！）。

第四章「移住者」（佐藤）

近年の農村移住に関する施策の動向や内容そのものについては、すでに刊行されている文献や報告書で詳しく紹介されている（「各省庁の農村移住・地方移住に関するウェブサイト」☞一五三頁）。そのため、授業では、本章を農村移住施策や移住者の居住をめぐる調査研究を深めるための「たたき台」として活用していただきたい。分析枠組みの有効性や限界、今後の調査研究における具体的なアイデアについて共に考える仲間が一人でも増えたらうれしく思う。

授業案A
自治体の移住施策に関する情報を収集し、様々なパッケージ化の視点で整理、分類してみよう。

①対象地域の選び方

まずは各自が関心のある自治体（都道府県や市町村）の移住施策にあたってみよう。出身地、観光したことのある地域、出かけてみたい地域、きっかけは何でもよい。あるいは特定の都道府県に焦点をあて、各市町村の施策を比較してもよいだろう。情報は手分けして収集したい。

②情報収集の方法

もっとも手軽な方法は、自治体のホームページや自治体が発行するパンフレット等から移住施策に関する情報を収集することである。その際、移住施策の取組内容だけでなく、どのような移住者を想定しているのか（年齢や性別、職業など）、またウェブサイトの作り方などにも着目すると、各自治体が求める移住者像やその手法がみえてくる。

移住希望者や移住者を誘致する自治体の雰囲気を知るには、移住相談窓口やイベントに足を運んでみるのがお勧めである。東京や大阪、名古屋などの大都市圏には、移住支援を行う全国団体や都道府県が開設している相談窓口が複数ある。その中心的な団体である「認定ＮＰＯ法人ふるさと回帰支援センター」は、東京・有楽町にある交通会館内のワンフロアに四七都道府県すべての展示ブースと相談窓口を設けている。各都道府県の相談窓口には相談員が常駐しており、移住者誘致に関する各種イベントも頻繁に開催されている。手ぶらでふらっと訪問できるため、各自治体の情報発信方法の違いや来訪者の様子を体感してみるとよい。来訪する曜日や時間帯を変えると、違った姿が見えるかもしれない。気になることがあれば、その場で移住希望者の対応にあたっている相談員に質問してみよう（二〇二三年三月現在、個別相談には事前予約が必要なようである)。最近では、「移住系 YouTuber」と呼ばれる、動画共有サイトに自らの田舎暮らし体験を公開する移住者や、自治体の普及指導員が作物の栽培方法や林業機械の使用方法を紹介するチャンネルなども出現し、オンライン上での情報収集先の選択肢も増えてきた。

③情報を整理・分類する際のポイント

これら様々な方法で入手した情報を持ち寄り、整理・分類する。各自治体はどのような移住者を求めているのか(理想とする移住者像)、そうした移住者の獲得のために農村移住はどのようにパッケージ化されているか、第四章で示した「計算可能性」、「予測可能性」、「管理の強化」という諸側面を手がかりに考察してみよう。同時に、これらパッケージ化の枠から外れる取組にも注目しよう。自治体間でパッケージ化の特徴にどのような違いがみられるのか(あるいはほとんど違いがみられないのか)。国の移住施策との共通点や相違点。移住者の受け入れ実績が多い自治体とその他一般的な自治体で比較するとどうか。標準的なパッケージから外れる取組を行っている自治体にはどんな共通点がみられるかなど、ディスカッションしてみよう。これらの作業を通して、農村移住のパッケージ化がどのように、どこまで進められようとしているのか、パッケージの内容の多様化・豊富化はどのように、どこまで可能なのか考えてほしい。

授業案B

フィールドに入り、移住者からみえる世界を体感し、描写してみよう。

移住者から実際に話を聞く機会があれば、積極的に参加したい。その際、移住の動機や経緯、移住後の生活の実際、移住に際し利用した施策などについて、一通りの事実を把握するだけでなく、移住者がどのような世界を見ているのか、移住者自身の言葉で語ってもらうことに力点を置きたい。インタビュアーは、可能な限り、実際に移住者の生活空間に身を置き、作業体験などを通して、移住者の生活空間をじっくり観察し、移住者がそこで日々感じていることや考えていることに想像を膨らませてほしい。具体的には、（第四章では二名の女性移住者の事例を取り上げたが）移住者と居住者との関係をジェンダーの視点から捉えなおすことも一案である。

また、（第一章や第二章を参照し）人間以外の生き物や物質的な側面に視野を広げることも有効である。移住者はどんな家に住んでいるのだろうか。そこからどんな景色が見え、どんな音が聞こえ、どんな匂いがするのか。先輩就農者からどんなふうに農業を教えてもらっているのか。農作業にはどんな機械を使い、どんなところにこだわりを持っているのか。そこでは、どんな生き物に遭遇し、どんなふうに対処しているのか……これら調査対象者である移住者との共通体験を通して、生活空間をともにする移住者と居住者との――〈活用される／する〉、〈役立つ／役立てる〉には収まらない――関係性のバリエーションを考え、記述する手がかりを得てほしい。

④各省庁の農村移住・地方移住に関するウェブサイト

内閣官房・内閣府

・内閣官房・内閣府総合サイト〈https://www.chisou.go.jp/sousei/moving/index.html〉

・はじめての移住応援サイト　いいかも地方暮らし〈https://www.chisou.go.jp/iikamo/index.html〉

総務省

・地域力の創造・地方の再生〈https://www.soumu.go.jp/main_sosiki/jichi_gyousei/c-gyousei/index.html〉

・関係人口ポータルサイト〈https://www.soumu.go.jp/kankeijinkou/〉

国土交通省

・全国二地域居住促進協議会〈https://www.mlit.go.jp/2chiiki/index.html〉

・ＵＩＪターン、二地域居住の推進〈https://www.mlit.go.jp/kokudoseisaku/chisei/crd_chisei_tk_000007.html〉

農林水産省

・あふてらす（農林漁業はじめるサイト）〈https://www.maff.go.jp/j/aff_terrace/index.html〉

あとがき

本書の筆者たちが初めて一堂に会したのは、二〇一七年二月のことだった。呼びかけ人は芦田と金子で、若手の農村研究者で協働して何か面白いことができないか、というのがそのコンセプトだった。そこから自主的な研究会を重ね、お互いが持っているアイデアやデータを交換しながら、現代日本の農村を領域横断的に論じるための道具立てとして、「不気味なもの」という概念を彫琢していった。ただ、当初から出版を視野に入れた試みではあったが、メンバーのライフステージの変化などが続き、ここまで来るのに六年以上の歳月がかかってしまった。そして、その間に世界は新型コロナウイルスの流行という大事件を経験した。しかし、それにもかかわらず——いや、むしろそれだからこそ、筆者たちの不気味なものをめぐる議論はアクチュアリティがあると思っている。その意味で、今この時期に本書を世に問うことができるのは、僥倖とも言える。

本書の基盤となったこの研究会——筆者たちは「ブキ研」と呼んでいる——は、時にはほぼ愚痴を言い合うだけで終わったりもする緩い集まりだが、そこで交わされる議論はいつも刺激的で、メンバーにとって得るものが多い場となっている。本書は教科書という体裁を取っているが、このブキ研のひとつのマニフェストでもあり、今後はここからさらに研究を展開していければと考えている。その意味で、本書は筆者たちにとってひとまずの通過点であり、緩々としたその歩みはこれからも続いていく予定である。

最後に、ナカニシヤ出版の米谷龍幸さんには、早い時期から筆者たちとお付き合いを頂いたにもかかわらず、この通過点にたどり着くまでの長い時間を辛抱強く待っていただいた。また、必要な時にはいつも丁寧で建設的なサポートをくださった。心からのお詫びと感謝をここに記しておきたい。

二〇二三年四月

編者一同

人名索引

Foster, H.　111
Gerwarth, R.　115
Gordon, A.　111
Kristeva, J.　111
Lepselter, S.　111
Roudinesco, É.　116
Sasaki, O.　19
Sontag, S.　108
Tani, S.　19

青木辰司　65
赤川学　4
芦田裕介　43, 45
イエンチュ, E.　110
岩美光一　19, 20
ヴィドラー（Vilder, A.）　111-116, 118
大野晃　2
小椋純一　20
帯谷博明　3

カイカ（Kaika, M.）　116-120, 122, 129
梶光一　20
ガタリ, F.　121
北島義和　73
姜竣　111
キンケイド（Kinkaid, E.）　121
クロンブ（Coulombe, M.）　109
高坂晶子　68
コトラー, P.　87

佐久間康富　41, 43, 45
佐々木萌　21
佐藤英人　43
ジェイ（Jay, M.）　111
シェリング, F.　110
ジンメル, G.　113, 114
祐成保志　10, 119, 120
鈴木牧　21

高橋成二　19, 20
立川雅司　65, 66
田中淳志　95, 96
田中輝美　5
デファルコ（DeFalco, A.）　111, 121
デランダ（DeLanda, M.）　121
土居洋平　86
ドゥルーズ, G.　121
徳田剛　134

永田賢之介　19
西廣敦　20

バウマン（Bauman, Z.）　9, 10, 134
バル（Bal, H.）　113
樋口大良　23
ブキャナン（Buchanan, I.）　119-121
藤田弘夫　11
藤山浩　3
フロイト（Freud, S.）　v, 109-116, 118
ベネット（Bennet, J.）　121
ホフマン, E. T. A.　110
本間義人　3

牧野智和　11
マシュライン（Masschelein, A.）　110, 111
松村和則　64
マルクス（Marx, K.）　113-115
宮下直　20
森嶋佳織　19
守友裕一　3

山川拓也　87, 88
山下祐介　2
山本幸子　41
山本努　2

レヴィ＝ストロース, C.　134
ロイル（Royle, N.）　110, 111
渡邉悟史　17

地域おこし協力隊　24, 84, 93, 94, 96, 100
地域課題の解決　5-7, 61
地域活性化　iii, 4, 25, 81, 86, 98, 128
地域活性化フレーム　iii, iv, 8-11, 128, 131-136
地域貢献　4
地域社会学　13
地域づくり　ii, 3
地方移住　87
地方創生　89, 95
釣り愛好者　73, 74
田園回帰　3, 4
都市　11

なされたこと　132
二重性の経験　121
ニホンジカ　19, 20
農業　2
農業機械　75, 76
農業と観光業　77
農山漁村発イノベーション　89
農村　i, 8, 11, 12, 64
農村移住　85, 86, 88-90, 92
——に関する数値目標　94
——のパッケージ化　86, 94, 98
農村からの人口流出　2
望ましい移住者　97

ハイキングコース　31
ハイムリッヒ　109
墓場　55
墓参り　54, 55
はげ山　21
パッケージ化　86, 87
——の主体　87, 99
——の短所　99
——の長所　99
反芻　134, 136
人づきあい　98
人と自然の関係　45
人と人との関係　45
ヒル採り　30, 31
不気味　17, 18
不気味なもの　iv, v, 12, 109-112, 117, 118, 122, 129
——の解放力　129
——の経験　121
変異する里山　133
防護柵　26
ホーム　10-12, 114-116, 118-121, 129, 133, 135
ポスト生産主義　65-67, 74, 79
北海道　66

まごつき　vi, 56, 118, 128, 131, 132, 134, 135
祭り　57
招かれざる客　80
無形のもの　58, 59
もどかしさ　128
模範的な移住者　84

薬剤使用　32
野生動物　22, 26
野蛮　115
ヤマビル（ニホンヤマビル）　15, 16, 21, 33, 133, 135, 141
——の拡大経路　19
——の根絶　24
——への対応策　22
——への対処　24
——問題　18
優良事例　42
余所者　113

酪農家　69
利活用も除却もできない空き家　42
リスク　108
理想の移住者　99, 103, 130
理想的な移住者像　92
リゾート開発　64
林業　51, 52
林業の変化　50
レクリエーション　63
——利用者　135
ロールプレイ　141, 145
ロングトレイル　69

事項索引

UJI ターン　88

曖昧な場所　29
空き家　37-41, 48, 55, 101, 133, 135, 144
――が生じるような生活環境　45
――の利活用　41
――の流動化　41
――問題　40, 45, 58
空き家管理者　44
――の居住地　44
空き家バンク　41, 101
あるべき農村移住　88, 89, 94, 98, 99, 103, 104
移住系 YouTuber　151
移住支援組織　96, 97
移住施策　150
移住者　83, 86, 90, 95, 104, 135
――と既存住民の仲介者　102
――への期待　102
移住者像　90
移住相談窓口　97
田舎暮らし　91, 97
イノシシ　27
インフラストラクチャー　116
――の変異　133
うまいやり方　81
嘔吐的　134
オーバー・ツーリズム　67
外部不経済　40
過疎　i, 40, 65
過疎化　2, 30, 47, 48, 53
カヌーガイド　77, 78
関係人口　4, 5, 128
観光　63, 132
観光・レクリエーション　63, 64, 66, 148
――と農村　79
――利用者　63, 69, 71
観光客　62
観光パトロール　71
共存共栄　28, 29
共通の利用ルール　78
近代　9, 10, 12
グリーン・ツーリズム　65
限界集落　2
現実　39
現状の再編成　133
現場　136
高学歴化　53
耕作放棄地　1
構築　119
高齢化　65
故郷喪失　115
子育て世代　41
小辺路　46
困る　132
古民家　38, 39, 49
古民家カフェ　83
コロナ禍　62, 63
婚姻　48
コントロール　117
自営業　85
自主ルール制　74
自然　55
シナリオ　128
社会的な規範　54
集成　119
就農準備　100
重要業績評価手法　94
少子高齢化　i
食人的　134
人口移動　40
人口減少　i, 2, 6, 7, 43, 48
人口減少社会　89
人口流出　88
人工林　29
人新世　15
森林　20
水上バイク　61, 62, 73, 77, 78
水上レクリエーション　72
――利用者　73, 78
スギ・ヒノキの植林　19
生活道路　46
生活の安定　52
生活の痕跡　39
生活の質　53
政策パッケージ　130
生産主義　65-67, 74, 79
政治的な解放　117
生者と死者の関係　46
疎隔　114, 118

脱構築　110, 111

執筆者紹介（*は編著者）

渡邉悟史*（わたなべ さとし）
龍谷大学社会学部
コミュニティマネジメント学科講師
担当：まえがき，第一章，第五章，終章，
あとがき

芦田裕介*（あしだ ゆうすけ）
神奈川大学人間科学部人間科学科准教授
担当：まえがき，序章，第二章，第五章，
あとがき

北島義和*（きたじま よしかず）
釧路公立大学経済学部准教授
担当：まえがき，序章，第三章，第五
章，あとがき

佐藤真弓（さとう まゆみ）
農林水産政策研究所主任研究官
担当：第四章，第五章

金子祥之（かねこ ひろゆき）
東北学院大学文学部歴史学科准教授
担当：第五章

オルタナティヴ地域社会学入門
「不気味なもの」から地域活性化を問いなおす

2023年4月30日　初版第1刷発行
2024年4月 1日　初版第2刷発行

編著者　渡邉悟史・芦田裕介・北島義和
著　者　佐藤真弓・金子祥之
発行者　中西　良
発行所　株式会社ナカニシヤ出版
〒606-8161　京都市左京区一乗寺木ノ本町15番地
Telephone　075-723-0111
Facsimile　075-723-0095
Website　http://www.nakanishiya.co.jp/
Email　iihon-ippai@nakanishiya.co.jp
郵便振替　01030-0-13128

装丁＝白沢　正／印刷・製本＝ファインワークス

ISBN978-4-7795-1740-2